Roswitha Schulz

Schluss mit der Fremdbestimmung

Flucht vor dem Unrechtsstaat

Copyright: © 2017: Roswitha Schulz
Lektorat: Erik Kinting – www.buchlektorat.net
Umschlag & Satz: Erik Kinting
Coverbild: © rh2010 (fotolia.com)

Verlag: tredition GmbH, Hamburg

Bibliografische Information der Deutschen Nationalbibliothek:
Die Deutsche Nationalbibliothek verzeichnet diese Publikation in der Deutschen Nationalbibliografie; detaillierte bibliografische Daten sind im Internet über http://dnb.d-nb.de abrufbar

Inhalt

Willst du mit mir gehen …

»Du und dein neuer Freund, kommt doch mit nach Rügen!«, schlug meine Schwester vor. »Wir zelten in diesem Sommer wieder!« Wir fuhren früher oft gemeinsam auf den Zeltplatz nach Baabe.

Sie wirkt immer noch wie eine schöne junge Frau, in die sich noch viele Männer verlieben, dachte ich, als ich ihr ins Gesicht schaute. Zelten war in der DDR für junge Leute die einzige Art, unkontrolliert vom Staat Urlaub zu machen. FDGB- und Reisebüro-Reisen waren etwas für alte Leute.

Was sage ich ihr? Dass wir eine Flucht in den Westen vorbereiten? Nein, ich belaste sie nicht. Keiner darf etwas davon erfahren, noch nicht einmal meine Schwester, das wäre lebensgefährlich für uns alle. Mir fällt die Entscheidung zu flüchten schon schwer genug.

»Ach«, wich ich aus, »wir fahren wohl nach Mamaia, ans Schwarze Meer.« Rumänien stimmte, aber mehr auch nicht.

»Na, so viel Geld geben *wir* nicht aus«, sagte meine Schwester und zwei steile Falten zogen sich vom Mund zur Nase.

Am nächsten Wochenende wanderten Rolf und ich mit Rucksäcken durch den Wald und übten lautloses Gehen. Ab Mai wollten wir über den Liepnitzsee schwimmen – meine Kondition trainieren, für die Flucht über die Donau. Rolf plante die Vorbereitungen wie ein Leistungssportler.

Warum lasse ich mich eigentlich auf diese wahnwitzige Idee ein?, dachte ich schwitzend beim stundenlangen Laufen durch die Schorfheide, den Wäldern meiner brandenburgischen Heimat. *Bin ich von Sinnen? Ich riskiere mein Leben! Ich will gar nicht weg von Ostberlin.* Diese Erkenntnis überrollte mich plötzlich. Ich würde Rolf klipp und klar erklären, dass ich nicht mitgehen wollte! Er hatte die politischen Schwierigkeiten, nicht ich. Ich arbeitete als Literaturassistentin des Rektors der Hochschule für Ökonomie.

Warum blieb Rolf, wenn er mich so mochte, nicht hier bei mir? Sein scharfer Verstand musste ihm doch sagen, dass ich die Flucht nicht bewältigen würde. Aber er konnte sich eben nicht mit den Bedingungen in der DDR abfinden.

Ich sah ihn an, ohne ein Lächeln.

Ich setzte gerade zum Protest an, da legt er den Arm um mich: »Ich bin *so* froh, dass ich dich gefunden habe und dass du mitkommst in den Westen. Wir schaffen das, du und ich, wir heiraten vorher, zusammen gestaltet sich alles einfacher.«

Er redete wie immer liebe- aber nicht unbedingt rücksichtsvoll. Wie passte das zusammen? Es wohnten zwei Seelen in seiner Brust, ich bekam die eine nicht ohne die andere.

Mein Gott!, dachte ich, *das ist ein Heiratsantrag! Ich benehme mich immer so furchtsam! Nie riskiere ich etwas, immer schön mitmachen, was Partei und Regierung von mir erwarten. Alles möchte ich absichern, so ist doch nicht das wirkliche Leben und wie fühlt sich dieses überhaupt an? Ich bin bereits geschieden, wahrscheinlich weil ich meine erste Ehe so gewöhnlich und angepasst gelebt habe.*

Wir liefen und liefen, das Unterholz zerkratzte meine nackten Waden, trotzdem fühlte ich mich wieder mutiger. Nach vier Stunden Wandern kein Muskelkater und kein Schlappmachen, ich war stärker, als ich dachte.

Ich betrachtete Rolf von der Seite: ein durchtrainierter, zuverlässiger Typ. Er würde sich immer als ein Individuum durchsetzen und als einer, auf den ich einigermaßen stolz sein konnte. Manchmal belehrend, aber stark und lebendig! Ich wollte ihn um jeden Preis. Ich hatte mir diesen Mann ausgeguckt und würde mit ihm eine Familie gründen. Sich für ihn zu entscheiden hieß, mit ihm zu gehen.

Wir würden Kinder bekommen, die ohne Grenzmauern und sozialistische Parolen aufwachsen konnten.

Am Abend stellte ich ihn meiner Mutter vor.
»Sie werden meine Tochter glücklich machen«, flötet meine Mutter in ihrer altmodischen Art.
Ich verdrehe die Augen. Wenn sie wüsste, dass wir weggehen, würde sie anders reden. Sie hing unglaublich an uns beiden Jüngeren, nachdem unsere ältere Schwester vor acht Jahren, kurz nach dem Mauerbau, nach Westberlin geflüchtet war. Ein einziges Mal trafen wir sie in all den Jahren in Prag. Konnte ich meiner Mutter das antun? Sie war Ende fünfzig. Wir würden uns lange Jahre nicht sehen.
Aber noch war ich ja nicht im Westen. Vielleicht überredete ich Rolf doch noch, hier zu bleiben. Er verstand mich, hatte mich bisher immer verstanden – oder machte ich mir das nur vor? Er ließ sich jedenfalls nicht von etwas abbringen, das er für richtig befand, das wusste ich inzwischen.

Am Abend darauf legen Rolf und ich dann doch die Fluchtroute fest: Wir würden mit dem Zug nach Bukarest fahren und versuchen, an die Donau, die gleichzeitig Grenze zwischen Rumänien und Jugoslawien war, zu gelangen und bei Nacht hinüberzuschwimmen. Tito lavierte zwischen Ost und West und in Belgrad gab es eine westdeutsche Botschaft, die uns mit Papieren weiterhelfen würde.
Ich schaffe das!
Ich war aufgeregt, wie vor einer Schulprüfung. Ich trank ein Glas Wein nach dem anderen und sah ein erfolgreiches, strahlendes Paar in München vor mir …

In der nächsten Woche vereinbarte ich einen Termin in der Gynäkologie unseres Ärztehauses. Ich fühlte so ein mulmiges Unbehagen. Meine langjährige Ärztin verkündete mir nach der Untersuchung, ich sei schwanger, das würde ich mir doch schon seit Langem wünschen, sagte sie mir mit einem kleinen wissenden Lächeln.

Ich stürzte aus der Praxis. Nun war der Traum von der Flucht in den Westen also ausgeträumt. Bis zum Fluchtzeitpunkt im August wäre ich im sechsten Monat, dann würde ich nicht mehr über die Donau schwimmen und mit meinem Baby die zu erwartenden Strapazen durchstehen können. Selbstmitleid breitete sich in mir aus. Wie würde Rolf wohl auf diesen *Umstand* reagieren? So richtig gut kannte ich ihn nicht, das bemerkte ich jetzt. Ich machte mich innerlich schon leise irgendwie davon.

Am Abend kam ich nach einer obligatorischen Betriebsfeier später in unsere gemeinsame ›schwer vermietbare Wohnung‹, so heißen die Buden in Berlin, im Hinterhaus, mit dem Klo auf halber Treppe und Kaltwasserhahn in der Küche. Keine gute Ausgangssituation für ein schwieriges Gespräch. Rolf reagierte genervt, ich hatte versprochen, früher zu kommen.

Am nächsten Morgen. Er warf die Tür zu und ging ohne ein Wort zur Arbeit, mir war speiübel. Ich meldete mich in der Hochschule krank und wälzte mich den ganzen Tag im Bett von einer Seite auf die andere. Unsere Beziehung erschien mir aussichtslos, noch nicht belastbar. Ich weinte. Wenn Rolf nur wegen dem Kind hier bliebe, hörte ich vermutlich ein Leben lang Vorwürfe von ihm.

Ich hing gerade über dem Ausguss in der Küche und übergab meinen gesamten Mageninhalt, da kam Rolf nach Hause.

Mit einem Blick erfasste er die Situation. Er wischte mir den kalten Schweiß von der Stirn und den Mund ab, nahm mich in den Arm: »Wir werden schon Ende Mai und nicht erst im Sommer losfahren! Die Donau ist dann schon warm genug zum Schwimmen, für euch beide! Da fühlst du dich doch noch fit, oder?« Er schleppte mich zum Sofa, ließ mich fallen und lachte: »Wir tragen das Kleine im Rucksack die Alpen hinauf. Mit drei Jahren bekommt es Schier und einen kleinen Tennisschläger und zu unserer Hochzeitsreise fahren wir nach Venedig.« Er stupste mich aufmunternd in die Seite.

»Ja«, murmelte ich und meine Melancholie begann zu verfliegen, »so machen wir das!«

Meine Entscheidung, mit ihm zu gehen, stand nun doch fest. Ich hatte immer getan, was man von mir erwartete, doch jetzt wusste ich selbst, was zu tun war. Zusammen würden wir alle Probleme bewältigen. Plötzlich erschien es mir selbstverständlich und machbar. Warum hatte ich nur gezweifelt?

»Es wird ein Christkind«, lächelte ich matt, »und ein Münchner Kindl noch dazu!«

»Das feiern wir!«, rief Rolf und holte den Rotkäppchen-Sekt aus der Speisekammer.

Abgehauen

Wenn ich von unserer Flucht 1969 erzählte, und ich tat das in den ersten Jahren oft, bekam ich rote Flecken im Gesicht und geriet in Aufregung. Ich fühlte den Zwang, alles genau erzählen zu müssen. Dann verhedderte ich mich wie beim Aufräufeln eines Wollknäuels. Ich spürte den Druck der Ereignisse in einer Zeit, die für mich nicht in Vergessenheit geraten durfte.

Das Baby wuchs in meinem Bauch, die Zeit drängte, wir gingen es an. Wir informierten uns, soweit das unverdächtig und möglich war, über Rumänien als Fluchtland. Rolf besuchte einen Volkshochschulkursus in Rumänisch. In zwanglosen Gesprächen mit der rumänischen Kursleiterin erhielt er scheinbar beiläufig die Information, dass in Rumänien die Grenzen nach Jugoslawien unvermint seien. Einen Schießbefehl gab es wohl nicht, aber zuverlässige Informationen darüber existierten keine. Informatives fanden wir nicht in den Hochglanzbroschüren über Rumänien, aber die ADAC-Package-Touren und Hotels, in denen die Westdeutschen abstiegen, warben hier. Das *Interhotel Turnu Severin* residierte am Wasserkraftwerk des *Eisernen Tors* an der Donau, das wollten wir aufsuchen.
In Belgrad war die bundesdeutsche Botschaft, bei der wir Hilfe bekommen würden. Bloß wie nach Belgrad kommen? Über die Donau von Turnu Severin in Rumänien nach Jugoslawien schwimmen und dann per Anhalter, so war unser Plan.

Am 14. Mai 1969 hörte man laute Musik und Singen aus dem Laubenpieper-Garten von meiner Mutter in der Schönholzer Heide. Unsere Freunde und Arbeitskollegen, die nichts von unseren Fluchtplänen wissen durften, polterten mit viel Geschirr. Am nächsten Tag heirateten wir auf dem Standesamt in Berlin-Pankow. Das berühmte *Lindencorso* richtete für uns, meine Mutter und meine Schwester Linda mit Schwager Klaus, ein gutes Essen aus. Die Eltern von Rolf kämpften noch mit der Tatsache, dass Rolf sich trotz seines kleinen Sohnes Thomas scheiden ließ und blieben in Wittenberge.

Auf unserer Wochenend-Hochzeitsreise ins *Waldschlösschen* in meine alte Heimat, an den Obersee nach Lanke, trainierten wir zum letzten Mal das Schwimmen mit Gepäck. Wir schworen uns: »Unsere richtige Hochzeitsreise machen wir nach Venedig!«

Wir beantragten bei der Polizei eine Urlaubsreise in das sozialistische Bruderland Rumänien.

»Haben Sie eine rumänische Einladung?«

Schnell besorgten wir eine von Dorin und Gina Hingulesteanu, jungen rumänischen Freunden von Klaus.

Mit dem Balkanexpress reisten wir nach Bukarest.

Der rundliche Dorin arbeitete als Ingenieur und die attraktive Gina als Französisch-Übersetzerin. Sie sprachen etwas Deutsch und zeigten uns ihre schöne Stadt, aber wir durften ihnen nicht unsere Pläne mitteilen.

Sie sagten zweideutig zum Abschied: »Vielleicht sehen wir uns in ein paar Jahren alle in der Bundesrepublik?« Sicher hatten sie etwas bemerkt, schon unser nächstes Reiseziel kam ihnen seltsam vor.

Wir fuhren mit dem Zug von Bukarest ans *Eiserne Tor*. Die Donau floss hier bei dem Wasserkraftwerk in Turnu Severin als Grenzfluss zwischen Rumänien und Jugoslawien.

Endlich fanden wir das vornehme *Interhotel*. »Deutsche? Ost oder West?«, fragte der Mann in dem abgewetzten schwarzen Anzug an der Rezeption. Man war stolz, dass viele Westdeutsche auf der

Durchreise zum Schwarzen Meer hier abstiegen. Die ADAC-Package-Touristen zahlten mit harter Währung. Bei der Antwort »Ostdeutsche« geriet ein leicht abwertender Zug in die Beflissenheit.

Rolf erklärte ihm, dass wir auf Hochzeitsreise seien, und zeigte ihm das Hochzeitsdatum im Ausweis. Ein verstehendes Lächeln huschte über sein Gesicht und er gab uns ein schönes Zimmer mit Ausblick über die Donau.

Gleich am nächsten Tag versuchten wir, zu Fuß so weit wie möglich an die Donau heranzukommen.

Schon fast am Fluss angelangt, stand plötzlich ein Grenzsoldat mit einer Kalaschnikow vor uns: »Stoj!« Wir versuchten, uns herauszureden, als der herbeigeholte Offizier uns examinierte. Da stehe doch kein Schild, dass man nicht an die Donau dürfe, stotterten wir in holprigem Russisch, außerdem seien wir auf Hochzeitsreise.

Der Offizier belehrte uns über das Grenzgebiet, das keiner betreten durfte, und schickte uns zurück auf die Straße. Das war noch einmal gut gegangen! Wir würden es weiter probieren.

»Heute bist du dran mit Fragen«, sagte Rolf am nächsten Tag beim Frühstück.

Ich würgte mit dem Brot meine Scham hinunter und steuerte auf den übernächsten Tisch zu. Ich erkannte mit geübtem Blick bundesdeutsche Frauen schon am Make-up. Ich setzte mich an den Tisch eines jungen Ehepaares mit einem kleinen Mädchen. Nach ein paar unverbindlichen Worten fragte ich: »Können wir ein Stück mit Ihnen Richtung Donau mitfahren?«

Die jungen Leute aus Frankfurt und ihre kleine Tochter freuten sich über Abwechslung auf dieser langen Reise ans Schwarze Meer nach Mamaia und wir winkten Rolf an den Tisch.

»Diese ADAC Package Touren sind so preiswert«, erzählte die junge Frau zufrieden.

Gemeinsam starteten wir mit dem bundesdeutschen Mercedes mit Frankfurter Kennzeichen.

Nachdem wir unter Smalltalk etwa 30 Kilometer durch menschenleere Gegend gefahren waren, beschlossen wir, unseren Fluchtplan zu offenbaren. Unsere *Fluchthelfer* diskutierten daraufhin erregt mit uns. Das wollte er doch mal sehen, wieweit ein bundesdeutscher Mercedes fahren dürfe, sagte der Frankfurter unternehmungslustig. Sie bogen mit ihrem großen schwarzen Wagen für uns von ihrer streng vorgegebenen ADAC-Route ab. Wir schleuderten waghalsig auf engen unbefestigten Wegen immer dichter an die Donau heran, um die Lage erneut zu testen.

Plötzlich:»Halt! Aussteigen!« Drohende Gebärden rumänischer Grenzsoldaten.»Papiere!«

Bei unseren DDR-Pässen entstand Misstrauen. Sie bedeuteten uns auf Russisch, dass wir warten sollten.

Die anderen Grenzer näherten sich uns.»Beckenbauer gutt!«, radebrechte einer und kickte andeutungsweise. Alle lachten.

Wir versuchten, die lockere Stimmung aufrechtzuerhalten. Rolf nannte die Fußballer vom FC-Bayern, die kannten sie alle.

Endlich kam der Offizier mit den Pässen.

»Wir sind DDR-Touristen, mit westdeutschen Freunden unterwegs«, sagten wir auf Russisch,»wir haben uns wohl verfahren!«

Der bundesdeutsche Mercedes mit dem Frankfurter Kennzeichen überzeugte den Grenzer. Mit einem Wortschwall von Ermahnungen eskortierten sie uns zur nächsten Hauptstraße. Wir konnten aber noch erkennen, dass in einigen Abständen Wachtürme standen und geharkte Streifen vor der Donau angelegt waren. Aber wir entdeckten keine Zäune und soweit man sehen konnte, gab es kein vermintes Umfeld.

»So ein tolles Abenteuer«, begeisterte sich der junge Mann, ein Angestellter vom *Roten Radler*. Seine Frau nickte unsicher.

Wir holperten über Kopfsteinpflaster durch eine kahle abweisende Landschaft. Verloren kauerte ich in dem großen Auto. Sie hatten uns registriert, mussten wir aufgeben? Misstrauische Gesichter auf den Straßen. Ein Westwagen verirrte sich nie hierher.

Wir benötigten unbedingt Proviant. Eine hagere Verkäuferin in einem kleinen Laden mit Kohlköpfen, Roter Bete und Sauerkraut schüttelte abweisend den Kopf. »Nix haben«, sagte sie und bedeutete uns, dass sie uns auch nichts verkaufen durfte. Für Fremde griff sie nicht unter den Ladentisch nach rationierten Lebensmitteln.

Wir gaben es auf, etwas zu kaufen. Unsere Frankfurterin kramte etwas Schokolade und eine Flasche Wasser aus der Kühltasche. Als wir beschlossen auszusteigen, da sich der Tag neigte, rief uns der Frankfurter fröhlich »Gutes Gelingen!« nach, wir sollten ihn von München aus anrufen, wie alles gelaufen war und so.

München … war das auf einem anderen Stern? Es schien noch so weit entfernt und ein unsicheres Gefühl, das ich später nicht mehr benennen konnte, bemächtigte sich meiner.

Ich tastete nach unseren Papieren. Die Koffer standen mit allen Wertsachen im Hotel. Na immerhin war dann unsere Hotelrechnung bezahlt und sie suchten uns nicht wegen Zechprellerei, hoffte ich.

Mit bleiernen Füßen tasteten wir uns durch den Wald, hinter dem wir die Donau vermuteten. Er nahm kein Ende und ich wusste nicht mehr, wie lange wir schon unterwegs waren. Nur das leise Geräusch unserer Schritte auf dem Waldboden war zu hören.

Dämmrige Wärme umfing uns. Eine alte Frau mit schwarzem Kopftuch tauchte plötzlich auf. Sie schnitt Pilze in ihren Beutel.

»Sie muss uns melden, hier ist Grenzgebiet«, flüsterte ich. Ich wusste das von Berliner Sperrgebieten.

Wir legten uns schnell auf den Waldboden und taten, als ob wir ein Liebespaar wären. Nur nicht nachdenken, was alles passieren konnte. Ich erinnerte mich kaum noch, warum ich überhaupt hier war. Unsicher schaute die Frau zu uns herüber, dann humpelte sie schnell weiter. Wir standen auf und tasteten uns vorwärts, starrten mit weitgeöffneten Augen in die Dämmerung, alle Sinne angespannt. Nichts zu erkennen, kein Schimmer von Licht.

Ich wagte nicht, an mein Baby zu denken. Gefängnis und Zwangsadoption – Tod! *Unsinnig, jetzt in Panik zu verfallen*, machte ich mir klar.

Alles rückte bedrohlich nahe. Meine Sinne pochten vor Anspannung. Abend und die Nacht schienen unendlich lang und gleichzeitig zeitlos.

Hundegebell klang aus der Ferne, andere Hunde antworteten. Geschulte Wachhunde? Oder friedliche Hunde von Bauernhöfen? Kalte Schauer liefen mir über den Rücken. Vor uns lag ein Waldrand, 30 bis 40 Meter entfernt oder war es nur eine Baumgruppe?

Plötzlich ahnten wir, dass wir uns verirrt hatten. Dampfertuten auf der Donau lockte uns wie die Sirenen des Odysseus in wechselnde Richtungen. Dann, nach einer weiteren Ewigkeit, ein geflüstertes Kommando von Rolf:»Los komm, da vorn sehe ich ein Stück von der Donau.« Seine Stimme klang gepresst, als ob auch ihn die Angst erfasst hätte.

Weit nach Mitternacht entdeckten wir endlich die geharkten Sandstreifen zwischen zwei Wachtürmen vor der Donau, angelegt, um Grenzübertritte zu kontrollieren. Grenzer besaßen immer Leuchtpistolen und starke Stablampen, sie durften uns nicht hören und schon gar nicht unsere Schattenrisse erkennen. Jeden Moment konnte uns ein Lichtstrahl erfassen. Es war Samstagnacht, Wochenende, hoffentlich gab es da weniger Wachpersonal. Rolf hörte in der Ferne Singen und Grölen.

Wir schlüpften aus den Kleidern. Rolf steckte diese und die Sandalen in eine vorbereitete Plastiktüte an seinem Gürtel.

»Los! Rein ins Wasser!«, flüsterte er mit dünner Stimme.

Stille, kein Laut, kein Astknacken. Mein Zittern ließ sich schwer unterdrücken, schüttelte mich. Meine Zähne schlugen aufeinander. Mein Gott, das konnte man doch kilometerweit hören, fürchtete ich, dann robbten wir auf dem Bauch in den Fluss.

Das Wasser floß weich und dunkel wie ein Mutterleib und mein Zittern hörte so plötzlich wie es gekommen war wieder auf. Ich schwamm wie in Trance in der juniwarmen Donau. Der Vollmond drängte durch die Wolken und beleuchtete die Szene silbrig. Ich spürte wie Nadelstiche imaginäre Nachtferngläser der Grenzer auf meinem Rücken. Wo schwamm Rolf? Ich rief leise nach ihm, aber die Laute zerplatzten wie Seifenblasen über dem Wasser. Sollte ich ohne ihn weiterschwimmen? Er trug die vollgesogene Kleidung von uns beiden an seinem Gürtel, war er durch die Strömung abgetrieben worden? Aber er jobbte als Rettungsschwimmer, ich musste mir also keine Sorgen machen.

Ich schwamm zügig weiter und versuchte, die Richtung aufs andere Ufer zu halten. Schiffe kündigten sich lange vorher an, hatte Rolf gesagt, der an der Elbe aufwuchs.

Die Zeit verlor ihre Dimension. Ich spürte kaum ein Gefühl für die Wirklichkeit. Ich funktionierte nur noch: Schwimmen, schwimmen! War das wirklich ich, die sich freiwillig in diese Lebensgefahr begeben hatte? Nicht nachdenken! Schwimmen, schwimmen!

In meiner Badekappe, die wie ein Helm aus dem Wasser ragte, steckten unsere Papiere, gelebte Existenz, die für eine neue, bessere verwendet werden sollte.

Irgendwann, ich wusste nicht, wieviel Zeit vergangen sein mochte, tauchte das andere Ufer im grauen Morgenlicht auf, schwarz bis in den Himmel. Ein lauer Wind strich durch das Flusskraut in Ufernähe. Ich watete in plötzlicher Erschöpfung auf dem seichten Sandboden aus dem Wasser.

Ich lauschte angestrengt in alle Richtungen. Nichts rührte sich. Wo war Rolf? Existierte hier keine Grenzbewachung? Befand ich mich in Jugoslawien? Bilder von Kriegsfilmen mit gewaltsamen Trennungen auf der Flucht, geisterten mir durch den Kopf. Hatten wir uns verloren? Ich trug nur Unterwäsche. Erschien der Wald hier heller als auf der anderen Seite oder war schon früher Tag? Ich wartete, wartete eine Ewigkeit in der Stille. Plötzlich hörte ich durch das Gestrüpp leise Schritte, die auf mich zukamen. Mir war kalt und ich begann wieder zu zittern. Ein verdächtiges Knacken. Da – Rolf! Er sagte, er sei abgetrieben und wieder hochgelaufen. Keine Zeit für Umarmungen. Schnell in die nassen Sachen, eine Sandale von mir fehlte. Egal, nur schnell weiter!

Stille, nur die Amseln begannen zu zwitschern, es war wahrscheinlich gegen fünf Uhr! Wir liefen in die aufgehende Morgensonne. Die Hitze kroch langsam in den Tag. Immer noch keine Menschenseele zu sehen.

Wo ging es nach Belgrad? Nach längeren menschenleeren Kilometern sahen wir ein altes Holzschild: *Negotin*. Das lag an der jugoslawisch-bulgarischen Grenze, erinnerte sich Rolf. Zurück, die Bulgaren waren neben der DDR die schärfsten Grenzbewacher, im sozialistischen Lager!

Rolf sank übermüdet im Straßengraben ins feuchte Gras und begann einzunicken. Ich zog ihn mit plötzlich erstarkender Lebensenergie hoch. Ich war hellwach: »Bitte nicht ausruhen, vielleicht fahnden die Rumänen nach uns, sie haben den beschädigten Grenzstreifen sicher schon bemerkt und senden vermutlich gerade einen Auslieferungsbefehl an die jugoslawischen Grenzer!«

Rolf schüttelte sich und machte ein paar Kniebeugen. »Hast ja recht, es hat mich einfach übermannt. Aber trinken müsste ich bald mal irgendetwas!«

Nach stundenlangem Zurücklaufen in der warmen Sonne auf der Landstraße, kaum ein Auto, nur ein klappriger LKW, der nicht anhielt, kam ein offener Pritschenwagen mit vielen jungen Burschen vorbei. Sie hielten an, lachten und zogen uns schnell hoch auf die Ladefläche. Sie erzählten uns, dass sie zum Fußballspielen in die Kreisstadt fuhren, leider nicht unsere Strecke nach Belgrad. Sie schenkten uns eine Flasche mit Leitungswasser. Wir sprangen nach etwa 30 Kilometern wieder ab und liefen weiter.

Dann fuhr ein russischer *Wolga*, im Ostblock ein Auto für Parteifunktionäre, an uns vorbei. Er hielt auf mein Winken an. Der einsame, gut aussehende Fahrer mittleren Alters war ein Deutsch sprechender Serbe. Wir versuchten ein wenig Konversation. Wir seien Studenten aus Westdeutschland, Hamburger Uni, Touristen! »Ein wunderschönes Land, dieses Jugoslawien«, sagten wir. Der Fahrer tat, als wenn er sich nichts dabei dachte und uns glaubte. Er sei Beamter in einem Ministerium, teilte er uns nur mit. Er reichte uns eine Flasche Mineralwasser und ein paar Kekse. Im nächsten größeren Ort kauften wir, während der Serbe tankte, ein paar Badeschlappen für mich und erstanden Äpfel und ein Brot. Wir hatten 100 Westmark in der Tasche, der Notgroschen von meiner Mutter. In Jugoslawien bekam man für die begehrte DM überall etwas.

Rolf schlief auf dem Rücksitz ein. Ich saß vorn und redete und redete. Gegen Abend erschien im schrägen Sonnenlicht der Stadtrand von Belgrad. Wir bedankten uns bei dem Wolgafahrer, stiegen im Stadtkern von Belgrad aus und hetzten durch die Straßen, eine ungenaue ältere Adresse von der Botschaft im Kopf. *Nicht nach dem Weg fragen, sonst greift uns die Miliz auf*, sagten wir uns. Wir besaßen kein Einreisevisum, keine gültigen Papiere, nur unsere DDR-Reisepässe.

Häuser, Busse, Straßenbahnen, nach Hause eilende Belgrader ... die Botschaft musste sich in der Nähe der *Neznanog Junaka* befinden. Dann entdeckte Rolf die Flagge der Bundesrepublik. Es war schon spät. Wir klingelten an einer Seitentür und zwei junge Beamte aus Köln, vom Nachtdienst, in hellgrauen Anzügen und Krawatte, empfingen uns:

»Wo kommt ihr her? Wie sieht die Grenze in Rumänien aus? Wie viele Wachtürme? Wer ist euch begegnet? Wie breit ist die Donau dort? Wie ist die Strömung, viel Schiffsverkehr?«, fragten sie.

Wir berichteten alles genau, zur Information für andere Fluchtwillige. Wir schliefen im Gästezimmer. Der eine junge Volontär lieh Rolf sein Rasierzeug und sie besorgten uns ein paar belegte Brötchen. Sie behandelten uns herzlich und bestaunten immer wieder unseren Mut.

Am nächsten Morgen schickten sie uns zur jugoslawischen Miliz und rieten uns wieder anzugeben, dass wir Hamburger Studenten seien, denen Gepäck und die Papiere gestohlen worden wären, das kam öfter vor. Mehr könnten sie aus Rücksicht auf die guten diplomatischen Beziehungen mit Jugoslawien nicht tun. Ich hatte in meiner Naivität gedacht, sie gäben uns gleich Ersatzpapiere. Würde die jugoslawische Miliz uns ausliefern? Würden sie die rumänischen Grenzer kontaktieren?

Der dicke jugoslawische Milizionär fragte nicht, wo und wie die Papiere gestohlen wurden. Mit unseren mitgebrachten Passbildern fertigte er Ersatzpapiere aus: »Einreise aus Hamburg, wann?« Neuer Einreisestempel drauf und dann verlangte er ungerührt 8,- DM pro Ersatzpass.

Die westdeutsche Botschaft stellte für uns kostenlose Fahrkarten für den Zug nach München aus. Ein Durchreisevisum für Österreich musste noch beantragt werden. Immerhin gehörte Jugoslawien damals noch lose zum sozialistischen Lager und Österreich nicht.

»Sie sind nie und nimmer aus der Bundesrepublik, Sie sind doch DDR-Flüchtlinge«, sagte der schlaue Beamte der österreichischen Botschaft mit Weste und Fliege in breitem Wiener Dialekt.

Da man uns bei der westdeutschen Botschaft eingeschärft hatte, die Österreicher aus diplomatischen Gründen nicht einzuweihen, blieben wir stur: »Doch, wir sind aus Hamburg! Alle Papiere und das Gepäck wurden uns in Jugoslawien gestohlen.«

Daraufhin machten sich die Österreicher wichtig und ließen uns zwei weitere Tage schmoren. Kein Geständnis – kein Durchfahrtvisum!

Wir stiegen letzten Endes doch in den Zug nach München und trauten uns lange nicht, an unser Glück zu glauben. Es konnte auf jugoslawischem Gebiet, dass ja mit dem sozialistischen Bruderland DDR gut vernetzt war, immer noch ein Bahnpolizist hereinkommen und »Mitkommen!« brüllen!

Mein unsichtbares Baby war die ganze Zeit über Mucksmäuschen still. Ich spürte Anflüge von Angst, dass es seinen Lebenswillen in dieser Umgebung aufgeben könnte.

Dann fuhren wir endlich durch Österreich und der Druck ließ spürbar nach. Wir umarmten uns innig. Wir hatten es tatsächlich geschafft! Nun achteten wir endlich mit Interesse auf die Landschaft, die hohen dunkel bewaldeten Berge und grünen saftigen Taleinschnitte, die im milden Morgenlicht an uns vorbeizogen. Hierhin würden wir bald einmal mit unserem Baby reisen.

In München angekommen, stiegen wir in die Straßenbahn in den Münchner Norden und klopften in Moosach, in der Lauinger Straße, an die Wohnungstür meiner großen Schwester, die vor acht Jahren, 1961, mit ihrem Mann nach Westberlin geflüchtet war.

Die ältere, alleinstehende Nachbarin öffnete ihre Tür vorsichtig einen Spaltweit:»Das sieht man, dass Sie die Schwester von der Frau Freytag sind. Hier ist der Wohnungsschlüssel«, sagte sie, nachdem wir uns vorgestellt hatten.

Schwester und Schwager hatten einen diffusen Hinweis von unserer Mutter aus Berlin erhalten. Sie waren mit ihrem Auto an die jugoslawisch-österreichische Grenze gefahren, um behilflich zu sein. Sie kamen niedergeschlagen zurück, da sie uns nicht finden konnten.

Weinend vor Freude, fielen wir uns alle am nächsten Tag um den Hals, als sie ihre Wohnung nichts ahnend aufschlossen. Rolf kannten sie noch gar nicht. Schnell verband sie aber die gemeinsame Herkunft. Jürgen öffnete gleich eine Flasche Wein und die Flucht wurde aufgedreht und von vielen Fragen unterbrochen zum ersten Mal erzählt.

Eine neue Welt nahm uns auf und war bereit uns zu dulden. Wir – jung, gut ausgebildet und tatkräftig – hatten uns und unser Kind und wir hatten Träume. *Ich habe die Flucht geschafft*, dachte ich, *ich werde auch alles Weitere schaffen!*

Nachtrag

Die Staatssicherheit, zwei humorlose Beamte mittleren Alters in Krimi-Trenchcoats, erschienen bei Mutter und Schwester in Ost-Berlin: »Wie und wo sind Ihre Tochter beziehungsweise Schwester geflüchtet? Sie wissen doch etwas von dem Landesverrat, oder? Wieso ist die verlassene Wohnung so ärmlich eingerichtet? Keinerlei Wertsachen?«

»Was ist denn passiert? Nein, wir wissen gar nichts!«, sagten Mutter und Schwester übereinstimmend und versuchten herauszuhören, ob die mehr wussten als sie. Linda befürchtete, dass ihr Betrieb ihr Schwierigkeiten machen würde.

»Wir werden Sie und Ihre Kontakte zu Ihren Angehörigen in der BRD im Auge behalten«, drohte der ältere Beamte des Ministeriums für Staatssicherheit.

Unsere Wohnung in der Kopenhagener Straße am Prenzlauer Berg wurde beschlagnahmt und versiegelt.

»Wir weinen denen keine Träne nach!«, war der offizielle Parteislogan für DDR-Flüchtlinge.

Kriegskinder

Fünf Paar Kinderbeine in ausgetretenen Schuhen und heruntergerollten Kniestrümpfen baumelten zum Mittagessen unter der Küchenbank in einem Pfarrhaus im Brandenburgischen. Dazu gehörten magere Kinderkörper mit dünnen Zöpfen und Sommersprossen. Die Mädchen kicherten verlegen. Sie hatten Hunger und warteten auf die Pilzsuppe, die die Mutter austeilte.

Die zwei Lindemannkinder, deren Mutter letzten Winter wegen Schwindsucht begraben wurde, beteten leise mit unserem Vater: »Komm Herr Jesus, sei unser Gast ... Amen.«

Ich bewegte nur die Lippen, da mir das Wasser im Mund zusammenlief. Ich freute mich auf das Holunderbeerkompott, von dem Strauch am Fliederberg. Zuerst die wabbelige Pilzsuppe, die bräunlich auf dem Teller schwappte. Die Pilzstücke schluckte ich aber nicht hinunter. »Muss aufs Klo«, murmelte ich und rannte mit dicken Backen auf den Hof, aber nicht zum Plumpsklo, sondern ich spuckte die Pilze vor die Hühner, die laut gackernd zusammenliefen. Dann hielt ich mein Gesicht unter das eiskalte Wasser der Pumpe.

Leider hörte der Papa die Hühner flattern: »Witha bekommt heute kein Holunderbeerkompott!« Und zu mir sagte er: »Du bleibst heute solange sitzen, Krötzchen, bis du den Teller leer gegessen hast.« Dieses Mal sagte er wenigstens nicht: *Denk an die armen Stadtkinder, wie gern die deine Suppe essen würden!*

Ich heulte nicht, weil ich wusste, dass meine Mutter mir ein Kompott aufheben würde. Und am Tisch sitzen bleiben musste ich so oft, das machte mir doch nichts! Aber wenn er *Krötzchen* sagte, dann war mein Vater wirklich böse auf mich.

Am Nachmittag kam Vater vom Hof, er hatte die Tiere versorgt. Sein verbeulter Borsalino, den er den ganzen Tag, selbst beim Essen aufbehielt, war voller Spinnweben aus dem Ziegenstall. »Wir gehen in die Blaubeeren, hopp, hopp, holt eure Körbchen.«

Eigentlich wollten wir mit Wolle, Itze und den Lindemannkindern *Räuber und Prinzessin* im Wald spielen. Das durfte mein Vater aber nicht wissen, weil dort noch Schrott von den Bomben herumlag.

Wir fuhren mit dem Fahrrad an den Bogensee, ich bei meinem Vater auf dem Gepäckträger. »Beine hoch!«, sagte er, dabei kam ich gar nicht in die Speichen. Die Metallstreben drückten Muster in meinen Po.

Meine kleine Schwester saß eingequetscht auf einer Pobacke vorne auf der Lenkstange von unserer Mutter.

Unsere große Schwester fuhr allein. Sie konnte nur im Stehen fahren; da sie auf dem verrosteten Herrenfahrrad nicht über die Lenkstange kam, musste sie unten durchtreten und verhedderte sich im Saum ihres Trägerrockes. »Selber doof«, rief sie, denn die beiden Försterjungen von gegenüber zielten mit dem Ball auf ihr Rad.

Meine kleine Schwester und ich trödelten beim Sammeln, die Sonne und der Schweiß klebten unsere Nickis an den Rücken. Dicke Fliegen saßen auf den Blaubeeren, die mochte ich nicht pflücken. Mein Vater hatte seine Brille aufgesetzt und sah so schlau aus wie unser Lehrer Warnicke. Er pfiff den *Jäger aus Kurpfalz* und hatte Steinpilze aus dem Tannenwäldchen in seinem Korb.

»Hans, du machst doch immer, was du willst. Wir wollen morgen Blaubeeren in Westberlin verkaufen!«

Meine kleine Schwester und ich hopsten sofort hoch, als der gewohnte Wortwechsel ausbrach: »Du, morgen fahren wir nach Berlin!«

Wir sprangen viel zu früh aus dem Bett. Ich zog mein Lieblingskleid mit den Flügelärmeln an, das meine Mutter uns zu Pfingsten aus Fallschirmseide vom Fliegerhorst genäht hat. Sie radelte mit uns beiden Kleinen – eine vorne, eine hinten –, den Blaubeerkorb auf dem Rücken, in den Nachbarort Klosterfelde. Dieses Mal tat mir vor Aufregung gar nichts weh.

Die Heidekrautbahn hatte Verspätung. Als sie heranratterte roch es schön nach Rauch und ich spürte eine blinde Sehnsucht nach der Ferne. Wir kletterten auf die gelben Holzbänke. Den Blaubeerkorb verstaute meine Mutter unter den Bänken. Sie zog ihren kleinen roten Hut aus der Tasche und setzte ihn schnell auf.

»Guten Tag, Personenkontrolle. Die Personalausweise bereithalten!« Zwei junge kasernierte Volkspolizisten stiegen grüßend, die Hände an den Tellermützen, am Berliner Kontrollpunkt *Schönfließ* ein, drängten sich durch die Reihen und schauten ab und an unter die Sitze.

»Ja, so, was haben wir denn da?« Ein junger Polizist wendete sich zu dem dicken Mann hinter uns, der schon die ganze Zeit so geschnauft hatte.

»Och, das ist für meine kranke Mutter in Ber...« Er guckte staunend auf den Korb mit Steinpilzen, den die Vopos unter seinem Sitz hervorzogen.

Meine Mutter wagte kaum zu atmen. Wenn das herauskam, dass sie als Pfarrfrau Blaubeeren nach Westberlin verschob ... Was die Leute von uns dachten, war ihr wichtig. »Los, zankt euch ein bisschen«, flüsterte sie.

Gleich zog ich meine Schwester an den Zöpfen. Die hatte das nicht mitbekommen und trat mir gegen das Schienbein.

»Mitkommen!« Der dicke Schnaufer wurde mit seinem Korb abgeführt.

»Na, junge Frau, immer Ärger mit den Gören?« Der junge Vopo war schon beim Hinausgehen.
Meine Mutter errötete. Richtig hübsch sah sie aus.

Der hagere Obsthändler am Bahnhof Gesundbrunnen in Westberlin, führte uns in seinen Lagerraum. Es duftete nach Ananas, Apfelsinen und Bananen. Er fingerte an unseren Blaubeeren herum. »Die sind ganz schön matschig, die sind wohl von vorgestern? Da kann ich Ihnen nur acht Mark für den Korb geben.« Er fischte für jeden von uns einen roten Drops aus einem schmuddeligen Bonbonglas, dabei hätten wir so gern eine Banane probiert. »Wissen Sie, ich bekomme jetzt so viele Blaubeeren angeboten … man muss sehen, wo man bleibt«
Meine Mutter kaufte eine rote Packung *Maxwell Coffee* bei *Woolworth* und für uns jeden einen *Peppermint Chewing Gum*, der den Mund schön kühl machte, und ein Kilo Apfelsinen. Meine kleine Schwester biss gleich in die Schale. Dass die so dumm war!

An der großen Kinowerbewand am Bahnhof *Gesundbrunnen* waren Almwiesen, schwarzgefleckte Kühe und Mädchen mit viel Busen in roten Dirndln mit weißen Schürzen aufgemalt.
»Nächstes Mal gehen wir ins Kino, das verspreche ich euch!«
In Westberlin konnte man für eine Ostmark ins Kino gehen, weil die Kultur auch für die armen Ostberliner erschwinglich sein sollte. Ich schämte mich meist an der Kinokasse, weil meine Mutter ihren DDR-Personalausweis zeigen musste und alle Leute sahen, woher wir kamen und dass wir nicht so schick waren, wie die.

Unsere Dorfkirche stand nur hundert Meter vom Pfarrgarten entfernt. Wenn wir die schwere Eichentür der Kirche öffneten, mussten wir uns zu zweit dagegenstemmen, meine kleine Schwester und ich. Ein feuchter Geruch dünstete aus gekalkten Wänden. Es war dämmrig und kühl wie im Wald. Wir tappten barfuß über die ausgetretenen Steinfliesen. Dann kletterten wir die spindlige Holztreppe zur Empore hoch, wo die Orgel stand und unsere große Schwester auf dem Orgelbänkchen thronte und an ihren Fingernägeln kaute:

»Ihr könnt ruhig einen Schritt schneller gehen, ich muss noch Schularbeiten machen!«

Wir schoben uns um die silbernen Orgelpfeifen herum und setzten uns beide zusammen auf den dicken Holzbalken, den Blasebalg der Orgel. Wenn wir ihn unten hatten, sprangen wir wieder auf und ließen ihn langsam hoch kommen, dann setzten wir uns erneut mit einem kräftigen Schwung drauf, das machte Spaß!

Jetzt übte unsere große Schwester Orgel für den Gottesdienst am Sonntag. Sie griff mit ihren kleinen Händen in die weißen und schwarzen Tasten und trat mit dem rechten Fuß für die Bässe flink auf die Holzpedalen. Gewaltig brauste die große Orgel durch die kleine Kirche: *Ein feste Burg ist unser Gott ...* Ein Schauer überlief mich, diesen Choral von Martin Luther mochte ich am liebsten.

Beim Gottesdienst am Sonntag würde mein Vater da vorn an dem alten Schnitzaltar stehen, der laut *Prendener Chronik* aus dem Jahre 1611 stammte. Ich stellte mir gern vor, wie mein Vater predigen, seinen wallenden Talar mit dem weißen Bäffchen um den Hals tragen und mit den segnenden Armen wie ein fliegender Zauberer aussehen würde. Ich würde mit meiner Mutter und meinen Geschwistern in unseren Sonntagskleidern in der ersten Reihe auf den steilen Kirchenbänken sitzen und die geschnitzten Figuren an dem Holzaltar wieder und wieder studieren. Dabei buchstabierte ich die lateinischen Inschriften vor mich hin. Der liebe Gott gehörte für mich zur Familie. Mein Vater erzählte uns, Theodor Fontane habe unseren Altar in den *Wanderungen durch die Mark Brandenburg* skizziert.[1]

Meine kleine Schwester und ich wollten heute unbedingt in den fensterlosen Fachwerkturm hineingucken. Wir stolperten die Treppe von der Empore wieder hinunter. Die Tür zum alten Turm war eingerostet und klemmte. Quietschend ließ sie sich aufdrücken. Wir kletterten barfuß über die aufgetriebenen Holzbohlen und herumliegenden Holzbalken. Staub flirrte in einem Sonnenstreifen, der durch das Gebälk fiel. Ausladende Spinnweben waberten herum und man sollte besser nicht in sie hineinlaufen. Es gab ein Verbot vom Vater sich hier aufzuhalten. Ab und an stand ein Sarg im hinteren Eck des Turms. Heute hingen ein paar tote Vögel im Gebälk, die durch die zerbrochenen Dachziegel hereingeflogen waren und nicht mehr herausgefunden hatten.

Da baumelte das geflochtene Hanfseil, mit dem die dicke Bäuerin, Frau Segher, sonntags eine Stunde vor dem Gottesdienst die schweren *Sparrenglocken* läutete. Die Prendener nannten sie so, weil sie vor Jahrhunderten von dem Grafen Spar, der ein Schloss in der Gegend besaß, gespendet worden waren. Wir hängten uns beide ans Hanfseil und konnten ein wenig hin und her schaukeln, aber die Glocken nicht in Gang bringen.

Über Politik redeten die Erwachsenen wenig mit uns. Der Briefträger, Hans Schubke, dem sie im Krieg einen Arm abgeschossen hatten, war, wie Mutter sagte, ein Nazi. Aber ein guter. Was immer das hieß. Jetzt war er ein Kommunist, auch wieder ein guter. Mein Vater verbesserte: »Ein Edelkommunist!«

---

[1] siehe Anhang *Prenden*

Samstagabend: Vater saß an der neuen Musiktruhe, die unser Schwein *Nucki* mit dem Leben bezahlt hatte. Er hörte seine Lieblingsplatte aus dem Westen, *Hamps Boogie Woogie*, da klopfte Herr Schubke an die Tür vom Pfarrhaus, schaute sich unsicher um und flüsterte, aber ich konnte es hinter der Küchentür hören: »Herr Pastor, Sie haben gestern einen Hirtenbrief von der Evangelischen Synodalkirche erhalten. Wenn Sie den am Sonntag auf der Kanzel verlesen, werden Sie abgeholt!«

Abgeholt, das war für mich ein schlimmes Wort. Immer wieder wurden Leute *abgeholt* und kamen nicht wieder.

Mein Vater wanderte diese Nacht im Herrenzimmer auf und ab, die Arme auf dem Rücken verschränkt. *Denk an die Kinder*, redete meine Mutter ihm sicher zu. Das tat sie oft.

Mein Vater hatte ein schmales Gesicht, dem ein tatkräftiger Ausdruck anhaftete. Das dunkle Haar war wie bei den Filmstars auf alten Plakaten nach hinten gekämmt. Auf der einen Seite schien er der philosophisch und seelsorgerisch denkende Pfarrer, auf der anderen ein junger Mann mit einem großen Lebenshunger. Aufgrund seiner national-konservativen Erziehung verpflichtete er sich, sich freiwillig zur Wehrmacht zu melden. Dort kämpfte er zuletzt als Leutnant der Panzerartillerie in Dänemark. Er kam in englische Gefangenschaft. Sein achtzehnjähriger Bruder Herbert fiel 1942 in Russland, sein zweiter jüngerer Bruder Helmut brachte ein Glasauge und nur ein Bein aus dem Krieg mit. Mein Vater lehnte es ab, über die Kriegszeit zu reden. Er fand in seinem kurzen Leben wohl nicht die innere Ruhe, die den Aufruhr seiner Seele gebändigt hätte.

»Der Hirtenbrief ist ein Aufruf zu Protestaktionen gegen Stalin und Ulbricht und die ganze Mischpoke«, informierte er die Mutter.

Es war Sonntagmorgen, wir saßen in der Kirche. Meine Knie zitterten ein bisschen und mir war schlecht. Ich stieß meine Mutter an: »Siehst du Wolles Papa?« Der kam sonst nie in die Kirche, der war, weil er Kommunist gewesen ist, lange im KZ und man vermutete, dass er TBC hatte. Er war Funktionär bei der Kreisleitung Bernau.

Hüstelnd setzte er sich in die dritte Reihe hinter uns. Neben ihm saß Wolle, eigentlich Wolfgang, der ging mal in meine Klasse. Sein Gesicht war heute sauber und rosig geschrubbt. Wolle rief meiner besten Freundin Monika oft »Dickfrosch« hinterher. Das ließ Moni nicht auf sich sitzen. Wenn ich ihr half, ihn zu verprügeln, bekam ich auch Kloppe von Wolle.

Unser Vater schritt im Talar langsam die Stufen zur Kanzel hoch, in der Hand den offenen Hirtenbrief. Er wendete sich zur Gemeinde und lächelte. Konzentriert und leise las er den Brief vor. Keiner rührte sich, es herrschte Stille. Niemand ließ sich anmerken, was er dachte. Dann begann Vater nach einer Pause mit seiner Predigt über *Die Freuden der Pflicht.*

»Irgendwo ganz oben sitzt jemand, der mich gedeckt hat«, war sich Vater später sicher.

Vieles verheimlichten uns die Eltern. Unser Dienstmädchen war mollig und hieß Christel. Sie sang oft traurige Küchenlieder wie: *Mariechen sitzt weinend im Garten ...* Meine Mutter nannte sie nicht *Dienstmädchen*, sondern sie sei *im Pflichtjahr*, weil es im Krieg so hieß. Christel war 20 Jahre alt und ... *von den Russen – du weißt schon ...* Die Freundin von meiner großen Schwester, Kristina, wusste es genau, ihre Mutter hatte davon eine schwere Krankheit, Syphilis oder so ähnlich, bekommen, weil sie auch zu den Frauen und Mädchen gehört hatte, die in der bewussten Nacht im

Mai 1945 von den Russen ins Wäldchen an der Mühle getrieben worden sind.

Die Russen waren jetzt zehn Kilometer weiter in der Kreisstadt Bernau stationiert. Sie durften die Kaserne nicht verlassen und ringsherum war ein Metallzaun. Der Überlandbus fuhr einen großen Bogen um das Gelände.

In der DDR war es verboten, über die Vergewaltigungen durch die Russen 1945 zu reden.

Nach unserer Flucht im Februar 1945, auf dem Pferdewagen bis St. Peter Ording, teilten die Dorfleute die Wertsachen aus dem unbewohnten Pfarrhaus unter sich auf. Die kleine Frau Klüger von gegenüber, eine scharfzüngige Berlinerin, hortete so manches schöne Geschirr aus dem Pfarrhaus. Sie putzte am Bogensee. Im *Göbbelsbau*, wie ihn alle immer noch nannten, firmierte jetzt eine Parteihochschule der SED. Ich belauschte Frau Klügers Gespräch mit meiner Mutter manchmal:

»Gott sei Dank ist det Nazipack, der Göbbels und seine Bande weg vom Bogensee. Aber die schicken UFA-Schauspielerinnen, die der Hinkefuß immer mitjebracht hat, die kannte ick alle aus dem Kino.«

Frau Klüger trug die Haare wie Zarah Leander.

»Und die armen Kinder: Hedda, Hilde, Holde, Helge, Holger, Helmut«, zählte sie auf, »alle von der eigenen Mutter Magda verjiftet ...«

Als das immer so weiterging, lief ich zu unserem Bücherschrank mit den Glasfenstern im Salon und suchte mir ein Buch zum Lesen heraus. Ich musste in der Schule meist vorlesen, wenn wir eine Selbstbeschäftigung hatten, weil ich die Einzige war, die beim Lesen nicht stotterte und die deutsche gedruckte Schrift lesen konnte.

So las ich von Karl May, Jack London, Fritz Reuter, Knud Hamsun bis Gustav Freytag alles durcheinander. Jetzt erwischte ich *Soll und Haben*, einen üblen Schinken, stark antisemitisch, wie ich heute weiß.

Beim Lesen konnte ich verschwinden und in meiner Fantasie an anderen Orten wieder auftauchen. Ich lief in den offenen Stall, wo die alten Möbel von unserem Vorgänger mit Hühnerdreck bekleckert lagerten. Dort kletterte ich auf einen Schrank und las, ringsherum einen Stapel Bücher. Bis mich da einer fand, das dauerte.

Meine kleine Schwester fragte mich einmal: »Würdest du tot sein, wenn du keine Bücher lesen könntest?«

»Wahrscheinlich«, sagte ich.

Meine Lieblingsbücher waren die zehn *Nesthäkchen*-Bände von Else Ury, aus den 20er-Jahren. Manchmal las ich sie Linda vor und gemeinsam spielten wir *Nesthäkchen*. Erst später erfuhr ich, dass die Nazis die Jüdin Else Ury trotz großer Beliebtheit und hohen Auflagen vergast hatten. Ich las es in den 80er-Jahren in einem *elften* Band: *Nesthäkchen kommt ins KZ*.

Morgens rannten wir in die Dorfschule. Vier Klassen saßen da in zwei Klassenräumen, im Winter saßen wir nur in einem Raum. Die Lehrerin Frau Schwarzer – nicht so wie die Neulehrer, zum Beispiel Herr Warnicke, ein in wenigen Wochen umgeschulter SED-Parteigenosse – wohnte im Schulhaus. Sie war schmal und hatte fein manikürte Fingernägel. Manchmal saßen wir bei ihr im Wohnzimmer, dann häkelte sie einen Spitzenkragen. Sie trug abgeschnittene Wollhandschuhe, weil es bitter kalt war.

Die von der ersten Klasse malten heute Buchstaben, die von der zweiten, wie meine kleine Schwester, lasen im Lesebuch, wir in der dritten übten *Tunwörter* und die von der vierten mussten *malnehmen*. Frau Schwarzer wanderte herum und lobte und tadelte.

»Morgen treten wir alle in die *Jungen Pioniere* ein, gebt euren Eltern Bescheid!«, sagte Herr Warnicke. Wenn wir 1,- Mark bezahlen würden, erhielten wir alle ein schönes blaues Halstuch. Begeistert liefen meine kleine Schwester und ich nach Hause. »Kommt nicht infrage.« Unser Vater gab keine weiteren Erklärungen. »Aber wir kämpfen für Frieden und Völkerfreundschaft, und Lagerfeuer und Spiele machen wir auch«, empörte ich mich.

Meine Mutter half: »Wie sollen die Kinder denn später auf eine Oberschule kommen, wenn sie da nicht eintreten?«

»Es gibt jetzt bald die *Jugendweihe*, die ist feierlicher als die Konfirmation.« Herr Warnicke ging hinter dem Katheder, die Hände auf dem Rücken, auf und ab. Wir übten mit ihm in der Schule russische Volkslieder: *Adnaswutschno kremi kalakoltschik* und Lieder von den internationalen Brigaden im spanischen Bürgerkrieg: *Eines Morgens in aller Frühe, bella ciao, bella ciao, standen wir vor unserem Feind.* Ich sang die zweite oder dritte Stimme, weil ich mich nicht so schnell rausbringen ließ.

Heute sammelten alle Klassen auf dem Acker Kartoffelkäfer. Die Sonne brannte mit gleißender Schärfe und die Käfer stanken fürchterlich, wenn wir sie ins Marmeladenglas quetschten. Wilfried Stopper, sein Vater besaß einen Bauernhof, zeigte uns, wie man sie anfasste, ohne dass sie stanken, wenn sie ihren Saft abließen. Wilfried, alle nannten ihn nur *Stopper*, war einer von den netten Jungen. Er stand jeden Tag um vier Uhr früh auf, lief in den Stall und fütterte die Kühe; er melkte sie und mistete aus. Dann kamen noch die Pferde und die Hühner dran. Um acht Uhr saß er in der Schule. Er trug noch die dreckigen Gummistiefel ohne Socken und auch im Winter kurze Hosen. Seine Mutter starb bei seiner Geburt. Stopper nickte oft in der Schule ein, dann hänselten ihn die anderen Kinder.

Ich traute mich nicht, ihn zu verteidigen. Er war schon einmal sitzengeblieben.

Was wir nach der Schule anstellten, interessierte die Erwachsenen wenig. Mutter und Vater hatten alle Hände voll zu tun: Holz und Kohlen organisieren, unserem mageren Schwein, der alten Ziege und den Hühnern Futter besorgen. Ein Gehalt für Pfarrer gab es in den Nachkriegsjahren in der DDR nicht. Die Pacht für die kirchlichen Ländereien war alles, was er bekommen sollte, aber nicht bekam.

»Pacht für die Kirche, und das bei Ulbricht, das wär ja jetzt noch schöner.« Bauer Segher setzte seine Mütze ab und kratzte sich am Kopf. Er war als Geizkragen bekannt.

»Jeden Tag die Hamsterer aus Berlin – das reicht.« Nachbar Adolf Klaser stapelte in der Scheune die getauschten Teppiche, hatte aber kein Geld für die Pacht.

Heute nähte Mutter für Greta Klaser auf ihrer alten *Singer Nähmaschine* ein Kleid aus dem schwarzen Futter eines Militärmantels. Vater konfirmierte Greta am Palmsonntag. Bauer Klaser brachte dafür vielleicht morgen Kartoffeln und ein paar Zuckerrüben. Wenn wir Kinder zu den üppigen Feiern der Bauern eine Glückwunschkarte brachten, bekam der- oder diejenige ein großes Stück Streuselkuchen. *Wer darf die Karte hineinbringen*, war ein beliebter Wettkampf bei uns.

Dienstags lief bei *Engelhardt*, der Dorfgaststätte, eine Filmvorführung. Die Gartenstühle wurden in Reih und Glied aufgestellt. Aufgeregt durften wir uns zu unseren Eltern setzen, wenn der Film jugendfrei war. Es wurden außer *Panzerkreuzer Potemkin* auch Filme wie *Verdammt in alle Ewigkeit*, ein amerikanischer Antikriegsfilm, gespielt. Montgomery Clift war seitdem meine große Liebe.

Trotz allem Bemühen der Eltern blieben wir Zugereiste und Fremde. Annelieschen vom Fahrradladen musste das nach dem Religionsunterricht loswerden: »Du brauchst dir gar nichts darauf einzubilden, dass ihr Pfarrerstöchter seid!« Sie saß in der Schule neben mir und hatte oft Butterbrote mit Zucker dabei, aber sie gab mir nichts ab.

Mein Vater war jetzt oft krank. Irgendetwas mit der Galle. Er wärmte seinen Leib am Kachelofen und hatte großen Durst: »Lauft schnell zu *Engelhardt* und holt Selters.«

»Hans, du musst in die Klinik nach Bernau«, klagte meine ängstliche Mutter, »mit der Galle ist nicht zu spaßen. Die Oma ist auch daran operiert worden.

Mein Vater winkte nur müde ab. Seine Kleidung verschmolz mit dem Dunkel des schweren Sessels: »Ich bin Anfang fünfundvierzig im Lazarett operiert worden, da haben sie mir die Gallenblase herausgenommen.« Er erinnert sich: »Gleich danach meldeten sie einen schweren russischen Kampfverband im Anflug. Sie evakuierten das Lazarett in größter Eile.«

Es geschah sonst eigentlich nie, dass mein Vater vom Krieg erzählte, gebannt hörte ich zu.

»Alle Verwundeten und Operierten sind auf Viehwagen auf das Stroh geladen und losgeschickt worden. Meine Operationswunde blutete und ich hatte starke Schmerzen, aber das Morphium war alle.«

Acht Jahre nach dem Eingriff im Lazarett fuhr mein Vater nun in die Berliner *Charite*. Dort operierten sie ihn sofort, da die Gallenblase in die Leber verwachsen war. Wegen des Luftangriffes hatten sie ihn im Feldlazarett 1945 gleich wieder zugenäht und nur den Blinddarm herausgenommen. Krankenpapiere gab es in dem Durcheinander keine.

Unser Vater wollte zum Sterben nach Hause. Wir drei Kinder verabschiedeten uns von ihm. Fast bewusstlos flüsterte er: »Stillgestanden!« und »Rührt euch!« Ich fand das gruselig.

Meine Schwestern liefen weinend hinaus und ich begann tränenlos mir, als Zehnjährige, erste Gedanken über diesen Krieg zu machen.

Mein Vater starb im Dezember 1953 mit 41 Jahren. Er wurde an der Nordseite des alten Fachwerkturms der Prendener Kirche beigesetzt. Sein Posaunenchor intonierte den Choral: *So nimm denn meine Hände und führe mich, bis an mein Lebensende. ...*

Ich träume viele Jahre: Ich sehe meinen Vater, er erscheint mir fast durchsichtig wie in einem Spinnweben Nebel. Er umarmt mich endlich. »Jetzt habe ich Zeit für dich«, sagt er zärtlich. Den Halt, den er mir als Kind gegeben hat, spürte ich erst jetzt, nachdem ich ihn verloren hatte.

Vater, mein Vater ...

Nie hatte unser Vater zu seinen Lebzeiten über den Krieg gesprochen, wie einige seiner Freunde und seine zwei Brüder, die uns besuchen kamen, die manchmal laut und gerne über die alten Zeiten schwadronierten. Mein Vater hatte nur immer betreten beiseite gesehen.

Es war an der Zeit, beschloss ich, meinen imaginären Vater über den Krieg zu befragen. Aber wie konnte ich ihn zum Sprechen bringen? Es trennten uns so lange Jahre der Sprachlosigkeit. Hätte er jemals darüber mit mir gesprochen, wenn er länger hätte leben dürfen?

»Warum hast du jahrelang über deine Erlebnisse im Krieg geschwiegen«, begann ich das Gespräch stockend und ungelenk. »Die Verantwortung, die du als Leutnant und als Pfarrer hattest, hat die dich nicht fast erstickt?«

Ich hatte gerade die Wehrmachtausstellung gesehen, die Fotos der Schreckensherrschaft deutscher Wehrmachtssoldaten, wie sie so noch nie zu sehen waren. Das sollten deutsche Soldaten getan haben? Ich hatte in der DDR schon viele Leichenberge in Dokumentarfilmen über die Konzentrationslager gesehen. Ich wollte erfahren, ob auch mein Vater bei den grausamen Aktionen der Wehrmacht dabei gewesen war.

Mein Vater doch nicht, dachte ich abwehrend. Er war anders. Er war ein Christ. Er saß in meiner Vorstellung in seinem Lehnstuhl, den Kopf locker an die Lehne gelehnt. Sein jungenhaftes Lächeln war aus seinem Gesicht gewichen.

»Du willst wissen, wie es im Krieg zuging?«, ließ ich ihn sagen. »Du willst es wirklich wissen? Aber dann müsstest du dich auf die schrecklichen Geschehnisse einlassen, wenn ich dir das erzähle.«

Ich nickte nur, froh, dass er darauf einging. Ich nahm im Geiste seine Hand. Er zog sie hastig zurück.

»In Polen, wo ich im Winter 1943 in einer Panzerdivision kämpfte, war der Partisanenkrieg ausgebrochen«, sagte er stockend. »Die Partisanen hatten den Auftrag, den deutschen Nachschub von Munition, Waffen und Versorgung für unseren Kampf in Russland zu unterbinden. Sie sprengten Bahngleise und Brücken, zerstörten Straßen und setzten Wälder in Brand. Partisanen, musst du wissen, waren in den Augen der Nationalsozialisten Untermenschen. Wir mussten sie wie Verbrecher behandeln, im Zweifelsfall sofort wie räudige Hunde erschießen, obwohl es für uns doch oft nur einfache Bauern waren, die uns sogar manchmal etwas Brot und Käse gaben.«

»Die waren doch auch nicht schlimmer als ihr Wehrmachtsoldaten«, stellte ich vorlaut fest.

Mein Vater zuckte nur ein wenig mit den Lippen, fuhr aber fort, ohne meinen Einwurf zu beachten: »Je wirkungsvoller sie agierten, desto härter waren dementsprechend unsere Vergeltungsoperationen. Wenn wir sie nicht erwischten, hatten wir Order, die Dörfer niederzubrennen.«

»Dann wurden Frauen, alte Leute und Kinder umgebracht«, unterbrach ich ihn verstört.

Er nickte nur mechanisch.

»Aber Papa, dein Gott, wie konnte er das zulassen?«

»Diesem grausamen Krieg war wohl auch Gott nicht mehr gewachsen«, murmelte mein Vater und fuhr dann wieder fester werdend fort: »Im Krieg gibt es immer nur die Entscheidung: Entweder ich oder der Feind, nur einer kann überleben«, sagte er dann. »Da ist keine Zeit für Abwägungen!« Er schaute gedankenverloren in den düsteren Abendhimmel.

»Aber die Erschießungen, Papa, das war doch etwas anderes. Warst du daran beteiligt?« Ich zitterte bereits ein wenig. Ich wusste nicht mehr, ob ich das wirklich noch wissen wollte. »*Freiwillige vor!*, hieß es da wohl. Da konntet ihr doch *Nein* sagen, oder?«, versuchte ich, mein Martyrium zu beenden.

Lange schaute mein Vater traurig auf mich: »Was weißt du denn! Was wisst ihr denn heute noch von dieser Zeit?«, fragte er bitter. »Von unserer Kameradschaft vor dem Feind, von unserem Treueeid fürs Vaterland! Wir waren am Ende unserer Kräfte. Verzweifelt reagierten wir nur noch. Ja, manchmal habe auch ich geschossen.« Seine Augen waren geschlossen und er atmete schwer. »Anschließend haben wir uns betrunken, damit wir nicht nachdenken mussten. Aber, und das musst du mir wirklich glauben«, ein Flattern erfasste seine Hände, als sie nach den meinen tasteten, »es tut mir unendlich leid. Ich habe große Schuld auf mich geladen! Aber Vergebung, die gibt es wohl niemals.« Zusammengesunken saß mein Vater in seinem Sessel.

Ich wischte ihm behutsam den kalten Schweiß von der Stirn und legte den Arm beruhigend um seine Schultern. *Warum lasse ich ihn so leiden?*, dachte ich verstört. Ich liebte ihn doch so, diesen starken, aktiven Vater, wie er in seinem schwarzen Talar auf der Kanzel stand und der Gemeinde mit seiner Predigt nach den Kriegsjahren wieder Mut zusprach. Aber fast jeder scheitert wohl an der idealisierten Vorstellung, die man von seinem Vater hat. Ich hatte die Hoffnung, dass er nach der langen Zeit endlich in der Ewigkeit Frieden finden möge. Den Frieden, der ihm in seinem Leben nicht zuteilgeworden ist.

Und etwas bricht in meinem Inneren auf und lässt mich ruhig werden.

Pfarrerstöchter ...

»Wir lebten in einem Land, das es heute nicht mehr gibt«, berichtet meine Schwester Linda und erzählt:

Unser Papa meldete sich nach langen inneren Auseinandersetzungen (*Was sagen meine Prendener, wenn ich nicht einrücke?*) im April 1942 zur Offiziersausbildung in Eberswalde. Er stieg in einem knappen Jahr zum Leutnant auf. Im Juli 1943 zog man ihn zu einer Panzerdivision in Polen ein.

Was tat er da? Ein Kriegskamerad, wie er sich nannte, berichtete 55 Jahre später in einem Brief an unsere Mutti, der Leutnant Huhn sei sehr beliebt bei den polnischen Kriegsgefangenen gewesen. Aus anderen Biografien von Zeitzeugen weiß ich aber, dass die Deutschen zu der Zeit in Polen Partisanen jagten und ganze Dörfer in Schutt und Asche legten.

Papa ließ sich nicht befragen und erzählte uns und Mutti nie aus seinem Wehrmachtsleben.

Mutti stemmte in der Kriegszeit allein in Prenden Kinder, Haus und Hof. *Einquartierung* war in Kriegszeiten die große Heimsuchung. Jeder Wohnungsinhaber musste durchreisende Flüchtlinge aus den Ostgebieten und zurückweichendes Militär aufnehmen. Das Pfarrhaus in Prenden war geräumig und Mutti versorgte neben ihren drei kleinen Kindern ständig Flüchtlinge. Papa war an der Front, die Russen standen schon vor Küstrin.

Da erreichte der Bauer Sieloff Prenden. Er war ein vierschrötiger Mann, Ende 50, mit seinen zwei erwachsenen Töchtern und einem Baby auf der Flucht aus Königsberg in Ostpreußen. Endlich hatten sie die Erlaubnis erhalten, vor den Russen mit Sack und Pack zu fliehen. Nationalsozialistische Durchhalteparolen hatten das bisher vereitelt. Bauer Sieloff überredete Mutti, auf seinem Planwagen in Richtung Flensburg mitzukommen. Sie stammte auch aus Königsberg, da war gleich eine tiefe Sympathie. Von Papa, der jetzt in Dänemark stationiert war, erhofften sie sich Unterstützung.

So begab sich Mutti mit drei kleinen Kindern im Februar 1945 auf die Flucht durch Norddeutschland. Mutti und die zwei hübschen Töchter vom Bauern Sieloff fuhren mit dem Fahrrad neben dem Planwagen und besorgten Milch für die Babys.

Die Trecks wurden in den Kriegswirren umgeleitet. Sie mussten Kriegstransporten und Flüchtlingsströmen aus Ostpreußen ausweichen und es passierte: Die Frauen und die Kleinkinder verloren sich. In großer Angst fragte Mutti alle Entgegenkommenden nach unserem Planwagen, der so einen kleinen Schornstein drauf hatte. Kein Mensch hatte etwas gesehen, alles hastete weiter, wollte nichts gesehen haben. Da saß an einer Wegkreuzung ein alter ärmlich gekleideter Mann.

»Haben Sie einen Planwagen mit Schornstein vorbeifahren sehen?«, rief Mutti außer Atem.

»Ja, das habe ich, mit kleinen Kindern, stimmts? Der fuhr hier entlang«, sagt der Alte ruhig und deutet mit seinem Stock auf einen Feldweg.

Mutti drehte sich auf dem Fahrrad aufgeregt nach ihren zwei Begleiterinnen um und rief ihnen zu, sie wisse, wo sie lang müssten. Als sie sich zurückwendet und dem alten Mann danken will, ist da kein Mensch weit und breit.

19 Tage dauerte unsere Flucht durch Norddeutschland, bis St. Peter Ording.

Mutti erzählte uns später oft von diesem Mysterium des Krieges und unserer wundersamen Zusammenführung in einer Zeit, in der

Millionen Familien auseinandergerissen wurden. Ich pflegte sie lange Jahre, bis in ihr hohes Alter. Sie konnte so anschaulich aus ihrem Leben erzählen ... Sie wiederholte sich zwar mehr und mehr, aber heute bin ich dankbar für dieses Wissen.

55 Jahre später erfuhren wir durch einen Brief von dem eingangs erwähnten achtzigjährigen Kriegskameraden aus der gemeinsamen Panzerartillerie, dass der Leutnant Huhn als stellvertretender Batteriechef – der eigentliche war schwer verwundet gewesen – nach der deutschen Kapitulation, die ihn an der Frontlinie in Husum ereilte, sämtliche Munition sprengen ließ. Schnell wurden wie üblich noch einige Soldaten befördert. Am 09.05.1945 marschierten sie mit der Batterie in sechs Tagen Fußmarsch nach Eiderstedt in das überfüllte britische Gefangenenlager.
Die Einquartierung der Gefangenen erfolgte auf einzelnen Höfen. Der Leutnant Huhn erteilte Englisch-Unterricht für die Soldaten. Nebenbei unterrichtete er mit Genehmigung der englischen Besatzer im Ort die Konfirmanden und führte Begräbnisse durch, denn der ortsansässige Pfarrer befand sich in russischer Kriegsgefangenschaft. Vom Holm-Hof schickte Vater uns manchmal eine Seite Speck nach St. Peter Ording. Er besuchte uns dort einmal mit einem Kameraden. Daran erinnern wir Kinder uns aber alle drei nicht.

Unsere Großmutter väterlicherseits, Maria Huhn, eine tatkräftige Frau, holte uns ein gutes Jahr später, um Ostern 1946, und brachte uns von St. Peter Ording nach Prenden, wo unser Papa, entlassen aus der englischen Gefangenschaft, bereits wieder als Pfarrer tätig war. Sie sagte, es sei nicht gut, einen jungen Mann so lange allein zu lassen.

»Warum übernimmst du nicht die Stelle des Pfarrers in St. Peter Ording, der geht in den Ruhestand«, fragte ihn Mutti.

»Was sagen wohl meine Prendener dazu?«, antwortete Papa ausweichend.

Auf der Rückfahrt gingen Mutti und Oma zum Bahnhofsvorsteher, um die Zugverbindungen, die noch chaotisch waren, nachzufragen. Unsere sechsjährige Schwester sollte auf uns beiden *Kleinen* aufpassen. Meine Schwester Witha weinte laut und musste Pipi. Eine freundliche junge Frau kam und nahm sie mit. Sie wollte ihr zeigen, wo sie das machen konnte. Als Mutti und Oma zurückkamen, war sie weg.

Unsere große Schwester weinte. Schnell stellte sich heraus, was geschehen war. Mutti lief, einer inneren Ahnung folgend, zum Ausgang des Bahnhofs und sah meine Schwester an der Hand einer Frau gerade noch um die Ecke biegen. Sie kämpfte sich mit großer Schnelligkeit zwischen den vielen Reisenden hindurch, rannte hinter der Frau her und rief:»Haltet sie, sie hat mein Kind!«

Meine große Schwester verspürt seit diesen Kriegstagen ein Trauma, da sie oft für uns beiden Kleinen verantwortlich gemacht wurde und das mit ihren sechs Jahren nicht bewältigen konnte. Mutti, die den Hetzparolen der Nazis schon immer viel zu viel geglaubt hatte, behauptete später steif und fest, meine Schwester Witha sollte zum bevorstehenden jüdischen Pessachfest geopfert werden ... Auf jeden Fall hätten unsere Biografien hier wohl FAST eine andere Wendung genommen.

Unser hagerer Papa war uns nach unserer Rückkehr im Frühjahr 1946 fremd. Möglicherweise hat er uns einmal umarmt, aber körperliche Nähe war zwischen Vätern und Kindern ungewöhnlich.

Unsere Mutti, zur Hochzeit 1938 ein schüchternes hübsches Mädchen, war, wie alle Frauen, die im Krieg ihre Kinder allein aufziehen und beschützen mussten, sehr selbstständig geworden. Nun sollte sie wieder zurück an den Herd und den Mund halten. Das konnten und wollten die Frauen aber nicht mehr. So waren Ehestreitigkeiten vorhersehbar. Manchmal weinte ich bei den lauten Wortwechseln in der Küche in meinem Bett.

Wirklich hungern mussten wir nach dem Krieg nicht, im Gegensatz zu den Großstadtkindern, doch vermieden wir alle drei seitdem Ziegenmilch, -butter und -käse, denn wir hatten eine Ziege, die Hanne, die streng roch, und ein Schwein, das immer *Nucki* hieß und im Winter schwarz geschlachtet wurde, wobei wir manchmal heimlich zusahen und anschließend grasgrün im Gesicht zum Plumpsklo rannten, um uns zu übergeben.

Papa stand um fünf Uhr früh auf, fütterte die Tiere, machte die Ställe sauber, weckte uns Kinder für die Schule und kochte für alle eine Gerstensuppe. Das machte ihm scheinbar mehr Spaß, als eine Predigt zu schreiben. Einmal fischte Mutti eine tote Maus aus der Suppe. Zum Wegschmeißen war die Suppe aber zu schade, fanden die Eltern. Aus den im Wald gesammelten Bucheckern presste man in der Ölmühle Öl. Im riesigen Waschkessel in der Waschküche, in dem die Wäsche gekocht wurde und beim Trocknen in der Nacht zu steifen Gebilden gefror, kochten die Frauen aus Zuckerrüben Sirup. Mutti pflanzte und hackte in unserem kleinen Gemüsegarten und auf dem Morgen Pachtland von der Kirche wendeten wir Kinder in den Ferien das Heu. Mutter näht für die Bauern, erhielt dafür etwas Speck und Kartoffeln.

Einmal schrieb Frau Ogilvi, ein Sommergast aus Berlin, die in unserem Fremdenzimmer unterm Dach im *Luftkurort Prenden* unserer Mutti ein bisschen Geld einbrachte, ein Gedicht ins Gästebuch:

Wünschst du dir ein neues Kleidchen
schneidert's dir Frau Huhn im Nu
legt den Stoff dir auf den Körper
nimmt die Schere und schneidt' zu.

Als Höhepunkt des Gemeindelebens fand der jährliche Maskenball statt. Mutti lebte auf, wenn sie nähte. Zwei kleine *Sarottimohre* mit roten Pluderhosen, einem bestickten Seidenturban und schwarzer Samtweste – meine Schwester und ich – gewannen den ersten Preis: eine Festtagsgans. Die rußige Kohle im Gesicht bekamen wir tagelang nicht abgewaschen.

Der große Fleischereihof vom dicken Hans Ambrosius, der ein Gesicht wie ein rosa Schweinchen hatte, spendete einiges für den Ausbau von Prenden als Luftkurort. Hans und die schöne Brigitte Ambrosius waren Freunde unserer Eltern und besuchten uns manchmal, mit einem Päckchen Wurst unterm Arm.
Wir Kinder fürchteten uns vor Tell, einem riesigen Bernhardiner, der die Fleischerei bewachte, wenn wir zu Ambrosius' mitdurften. Die zarte schmale Brigitte Ambrosius starb sehr früh an Lungenkrebs. Papa beerdigte sie unter Tränen.

Wir spielten Verstecken auf dem Dachboden, wo es viele Winkel, Verschläge und die rabenschwarze Räucherkammer gab. Auf dem Boden befand sich eine Kammer nur mit alten Schuhen und eine nur mit getragenen Kleidungsstücken. Eine Partnergemeinde aus Barmen schickte Pakete mit abgelegten Sachen für die armen Menschen in der Ostzone.
Jedes Mal, wenn wir eine der Sendungen von der Post abholten, freuten wir uns. Zum Anziehen war meist nicht viel dabei, aber wir

konnten *verkleiden* spielen. Wir stolzieren dann als *feine Damen* mit Spitzenbluse und langem Rock in Stöckelschuhen herum, stecken die Haare hoch und unsere rot angemalten Münder verschmieren beim Herumtanzen.

Unser Papa belegte Witha oft mit dem Spitznamen *Krötzchen* und sie musste abends anstelle von *Ich bin so klein, mein Herz ist rein* öfter beten: *Ich bin so eine kleine Kratzbürste ...* Ich erhielt den Spitznamen *Schnäuzchen* und galt als ein braves Kind.

Musik war die Leidenschaft unseres Papas. Klavierunterricht gab uns der hübsche Gerhart Weißhaupt, ein Musikstudent mit blonden Locken aus dem Nachbarort, der sonntags die Orgel spielte und in den wir alle drei verliebt waren.
Zu Weihnachten führte Papa unsere Künste der Gemeinde vor. Wir sangen auch alle Volkslieder in der ersten und zweiten Stimme auswendig.

Wir besuchen 1952 die zwei Brüder, die Schwester unseres Papas und die Großeltern Huhn im Westen, in Essen. Papa studierte mit uns, wie augenzwinkernd bemerkt wurde, für den Besuch Stalins Lieblingslied *Suliko – Sucht ich ach das Grab meiner Liebsten* mit uns dreien ein.

Einmal im Jahr unternahmen die *Evangelische Frauenhilfe* und der Posaunenchor, den Papa gegründet hatte, einen Ausflug nach Ützdorf am Liepnitzsee, einem Berliner Ausflugsgebiet.
Papa weckte uns sehr früh morgens. Wir zogen unsere neuen rosa Kleider mit den Flügelärmchen an, die uns unsere Mutti aus Fallschirmseide vom Fliegerhorst gefärbt und genäht hatte. Hinten aus

dem Pfarrgarten hinaus ging es durch den Buchenwald an Lanke entlang die sieben Kilometer bis Ützdorf. Unterwegs stimmte Papa Volkslieder an und wir sangen: »Muss i denn, muss i denn, zum Städtele hinaus ...«

Papa wanderte mit den Mitgliedern von seinem Posaunenchor und den Konfirmanden. Mutti kam mit uns Kindern und den Frauen aus der *Evangelischen Frauenhilfe* hinterher. Nach zwei Stunden erreichen wir den *Jägerwirt* in Ützdorf. Wir Kinder bestellten Kartoffelsalat, Würstchen und Fassbrause, unsere Leibspeise.

Dann liefen wir hinunter an den Liepnitzsee und Papa rief: »Hol über!« Schubweise fuhren wir mit dem Fischerkahn zur Insel. Die Jungen sprangen ins glasklare Wasser und wir hinterher.

Mit einem kleinen Sonnenstich wanderten wir zurück nach Prenden. Die nassen Zöpfe klebten am Kopf, die neuen Kleider waren schmutzig und die sandigen Badehosen scheuerten, aber das störte uns nicht.

Zum 40. Geburtstag unseres Papas trug Mutti ein blaues Baumwollkleid mit Streublumen. Sie nähte es in der Nacht zuvor auf der alten *Singer* noch fertig. Im Arm hielt sie die blass-rosa August-Cosmeen aus dem Garten. Wie hübsch sie war.

Papa arbeitete noch an seiner Predigt für den nächsten Tag. »Frag nicht so viel«, sagte er ungeduldig und schob mich beiseite, »geh mit deiner Schwester spielen!« Wir hatten neue Kleidchen an, die kratzen und knistern.

Der Posaunenchor spielte ein Ständchen unterm Fenster vom Herrenzimmer und alle Bläser aßen Streuselkuchen und tranken richtigen Kaffee aus dem Westen. Ich spürte ein warmes behagliches Kribbeln bis hinunter in die Kniestrümpfe.

Plötzlich fiel die Bodenvase mit den Cosmeen um. »Aber Deddi!« Ärgerlich sammelte Papa die Blumen wieder ein. Mutti wischte hastig den Boden. Ich weinte und legte meine Hand verstohlen in die von Mutti.

»Geht schnell ins Bett!«, flüsterte sie.

Ein dicker Kloß wanderte von den Kniestrümpfen zurück in meinen Hals. Die scheinbar unbegründeten Anweisungen der Erwachsenen jagten uns oft doch ein wenig Angst ein.

Im Kinderzimmer war es noch hell. Helga trödelte vor dem Kinderzimmerfenster vorbei, das so niedrig lag, dass man hereinsehen konnte. Sie ging zum Friedhof, der ans Pfarrhaus anschloss. Sie musste bei ihrer Oma gießen.

»Müsst ihr schon ins Be-hett?«, fragte sie gedehnt.

Aus dem Hausflur hörte man lautes Lachen, Papas Geburtstagsbesuch traf ein, das Fleischermeisterehepaar. Hans Ambrosius, der gute Freund von Papa und großer Mäzen der Kirchengemeinde, hatte nach dem frühen Krebs-Tod seiner ersten Frau noch einmal geheiratet. Und wieder war es eine zarte, blonde Frau. Hans Ambrosius selbst war groß und recht mollig – dicke Menschen gibt es nach dem Krieg nur noch sehr selten. Dann kam noch die Försterfamilie von gegenüber, die auch drei Kinder in unserem Alter zuhause hatte, mit denen wir oft im Garten spielten.

Monika war unsere beste Freundin. Sie war kräftig und hatte zwei dicke blonde Zöpfe. Sie wohnte oben auf dem Berg mit ihrer ledigen Mutter, wie man damals sagte, in einem uralten Häuschen, mit nur einem Schlafzimmer und einer Küche. An den Wänden blühten schwarze Stockflecke und es roch muffig. Monika spielte lieber mit uns im Pfarrhaus, als oben zu helfen.

Manchmal langweilten wir uns, dann bestimmte meine Schwester: »Jetzt spielen wir Verstecken, aber nur wenn *ich* suchen darf.« Monika und ich rannten davon.

»Eins, zwei, drei, vier Eckstein – alles muss versteckt sein, ich komme!«

Es wurde dunkel. Witha tappte durch das ganze Haus. In den Zimmern brannte noch kein Licht. Dunkle Schatten standen in den Ecken. Im Gemeinderaum, unserem ehemaligen Salon, wo die Frauenhilfe zusammentraf, sahen die Bommeln an den Polstermöbeln wie dicke Maden aus. Nebenan, im Probenraum des Posaunenchors von Papa, trat Witha auf den Metallrand der Tuba und ich hörte hinterm Sessel, wie es schepperte.

Schließlich schlich sie die Treppe in den Keller hinunter. Die Kartoffeln waren ausgewachsen und rochen verfault, andere fand Mutti auf dem Acker von Bauer Karl wohl nicht. Die Kohlen waren zu einem Haufen durchs Fenster geschüttet worden. Schwarzer Staub lag auf den Einweckgläsern mit Kirschen, Pflaumen und Birnen. Vor einigen vergitterten Kellerfenstern hingen Spinnweben.

Witha drehte sich wieder um und rannte nach oben. Plötzlich klirrte etwas. Ein Glas Apfelmus war heruntergefallen und Monika kroch schwarz überpudert hinter den Kohlen hervor: »Mensch, brauchst du lange!«

Mutti schimpfte fast nie und auch nicht über das zerschlagene Glas Apfelmus.

Wir liefen schnell in die warme Küche.

Mutti fragte »Monika, wann musst du nach Hause?« und klopfte uns den Kohlenstaub ab.

»Ich brauch heute erst später«, ruft Monika und wir stürmten ins Kinderzimmer.

Dann klopfte es plötzlich. Frau Dikow stand mit Hut und einem zu kurzen Mantel in der Tür. »Monika, komm sofort nach Hause. Ich hab dir gesagt, du sollst im Hellen durch den Wald«, meinte sie und ihre Stimme klingt heiser.

»Frau Dikow, darf Monika heute bei uns schlafen?«, fragten Witha und ich.

Mutti erlaubte es und Monikas Mutter auch. So machte Frau Dikow sich nach einer Tasse warmer Ziegenmilch wieder allein auf den dunklen Heimweg durch den Wald.

Mutti backte für jeden ein Omelett mit Butterpilzen, die wir schnell herunterpulten. »Kommt nicht infrage, die Pilze esst ihr auf«, sagte Papa streng. Wir schluckten die wabbelige Pilzmasse mit angehaltenem Atem hinunter.

Dann krochen wir drei nach unten ins Doppelstockbett. Heute war Moni an der Reihe. Sie erzählte eine Geschichte von *Fritzchen und Marmelade,* die verrückte Sachen unternahmen und sich herumprügelten.

Die dicke Bäuerin, Frau Segher, läutete die schweren *Sparrenglocken* der Kirche. Sie gehörte zu den *Talarwanzen*, so nannte Mutti heimlich die Frauen, die unseren Papa umgaben.

Frau Segher trug mehrere lange schwarze Röcke übereinander und noch eine Schürze darüber. Dann war da noch das hochrote ältliche Fräulein Schöneberger aus Lanke, die sich einen kleinen verfilzten Dutt kämmte, und die bucklige Emma Raake, eine unbelehrbare Naziverehrerin, vor der man sich seinerzeit in acht nehmen musste, wie Mutti erzählte. Und schließlich die dicke verwitwete Frau Ostermann, eine, die über andere Leute herzog.

Sie passten im Wechsel auf uns auf, wenn unsere Eltern Besorgungen in Berlin machten oder in der Gemeinde unterwegs waren, und verrichteten Hilfsdienste in der Kirche – Kerzen anzünden und Blumen hinstellen, so was. Frauen wie sie wachten in den 50er-Jahren über die elterliche Moral und besaßen die ungeliebte Oberhoheit über uns Kinder.

Wir waren keine Prendener. Papa stammte von verarmten Rittergutsbesitzern aus Matzicken, in Ostpreußen. Die evangelische Familie Huhn siedelte nach dem im Glücksspiel verlorenen Gut des Großvaters ins Westfälische über. Die katholische Mutter von unserem Papa war eine kluge Arbeitertochter aus dem Ruhrgebiet. Sie setzte nach der Hochzeit fünf Kinder in die Welt. Unser Papa war der Älteste.

Unsere Mutti dagegen verlebte ihre sorgenfreie Kindheit in einem evangelischen Pfarrhaus bei Königsberg. Ihre sanfte Mutter unterrichtete die vier Kinder als Lehrerin zuhause. Dort gab es keinen Leistungsdruck und viel fantasievolle Beschäftigung.

Der strenge, aber liebevolle Vater, folgte 1931 als theologischer Lizenziat einem Ruf der Judenmission nach Berlin. Seine Forschung und Lehre brachten ihm 1933 eine Vorladung ins *Büro Hitler* ein, die aber durch seinen plötzlichen Herztod nicht mehr zustande kommt. Er hatte sich zu Hause einen Fluchtweg über das Toilettenfenster und das angrenzende Dach zurechtgelegt, erzählte Tante Ilse, die Schwester unserer Mutti, später.

Tante Ilse hatte unsere Oma bis zu ihrem Tod gepflegt. Die Oma starb Ende der 40er-Jahre wie sie sagte, an gebrochenem Herzen.

Ihr einziger Sohn Edwin, ebenfalls Theologe, Muttis einziger Bruder, fiel zu Beginn des Russlandfeldzuges 1941 in der Schlacht von Terebez. Er schrieb vor dem großen nazideutschen Angriff einen Abschiedsbrief an seine Mutter und die drei Schwestern, den unsere Oma mit ins Grab genommen hat.

Tante Ilse sagte den Brief ihres Bruders noch im hohen Alter unter Tränen auswendig auf:
Lebe wohl mein innig geliebtes Mütterlein ... und zu den drei Schwestern: *... Werdet tapfere und reine deutsche Frauen und Mütter!*

Die Oma wurde auf dem Friedhof bei uns in Prenden, direkt am Gartenzaun zu unserem Pfarrgarten, wo wir immer spielten, beigesetzt. »Damit ich das Lachen der Kinder hören kann«, wünschte sie sich.

Unser Papa starb an den Folgen seiner im Krieg 1945 durch eine beim Fliegerangriff nicht vollendete Gallenoperation im Dezember 1953. So kostete ihn der Krieg doch noch das Leben.

Es war schwer für uns, den Tod des Vaters zu begreifen. Wenn Kinder damals trauerten, nahm man das auch nicht richtig zur Kenntnis. *Das wird schon wieder*, hieß es dann. Wir konnten mit niemandem über Papas Tod sprechen. Wir waren so traurig, wie es eigentlich nur Kinder sein können. Mutti war irgendwie durcheinander, da sie unter seinem sprunghaften Wesen sehr gelitten hatte. Unsere große Schwester war traumatisch verstummt. So saß es wie ein Knoten tief in uns drinnen.

Papa und wir beiden kleinen Mädchen waren uns nie richtig nahegekommen, stellen meine Schwester Witha und ich mit Blick auf unseren Vater heute fest. Er blieb als Übervater immer in unserer Fantasie und die Sehnsucht nach ihm begleitete uns das ganze weitere Leben.

Nach dem Tod unseres Papas mussten wir bald das Pfarrhaus räumen und zogen in die untere Etage der Villa von Güldners, mit Blick auf den Bauernsee. Güldners türmten nach dem Krieg in den Westen. Das Haus fiel wie üblich an die Gemeinde. Es war eine vorzeigbare Wohnung, die man mit einer Berliner Wohnung tauschen könnte, überlegte unsere Mutti.

Wir lebten von der mageren ostdeutschen Witwenpension und Mutti arbeitete nun als Sekretärin der neu gegründeten LPG, beim feschen Bauer Rücker.

Die resolute Oma Huhn, die ab und an eine Zigarette rauchte, was wir Kinder sehr schick fanden, und der knorrige Opa kamen aus Essen zu Besuch. Sie tauschten die DM im Westen 1:6 und kauften uns im *Konsum* oder in der *HO* Sachen zum Anziehen, die in der DDR lappig und wenig farbenfroh aussahen.

Opa Huhn, ein früh pensionierter Steiger mit einer Staublunge, tätschelte uns die Wangen, brummte »Ja, ja, ja« und lächelte zerstreut. Manchmal las er uns aus *Grimms Märchen* vor und wir saßen dann beide auf seinem Schoß.

Oh mia bella Napoli und *Wenn bei Capri die rote Sonne im Meer versinkt* tönte es im West-Radio. Die Italiensehnsucht erwachte im gebeutelten Deutschland.

Unsere Mutti fuhr 1955 mit unserer großen Schwester, Tante Ilse und dem Onkel aus Linz nach Caorle an die Adria, mit Roller, Zug und Zelt. Die Zonengrenzen des geteilten Deutschlands waren da noch offen, es sollte noch sechs Jahre bis zum Mauerbau 1961 dauern. *Quanto costa pasta asciutta?* und *Ricordo della bella Venezia* gehörte bald zu unserem frühkindlichen Sprachschatz.

Die *beiden Kleinen* reisten derweil ins DDR-Ferienlager nach Friedrichsthal und sammelten erste Erfahrungen mit Jungs, die abends durch die Fenster in die Schlafräume kletterten und schnell von den Erziehern wieder herausbefördert wurden

Berlin-Berlin

Ich rannte nach Hause, wenn die Schlager der Woche mit Fred Ignor im *RIAS* begannen. Ich war 16 Jahre alt.

»Immer diese Negermusik und dann dieser *Elwies Bresli*«, sagte unsere Mutter vorwurfsvoll.

Aber wir wollten auf diese Musik trotz aller Proteste der Erwachsenen nicht mehr verzichten. Sie schienen überhaupt kein Verständnis für diese neuen Rhythmen zu entwickeln. Partei und Regierung erklärten sie sogar für abartig und versuchten erfolglos, sie zu verbieten.

Aber wo und mit wem konnte man jetzt die neuen Rhythmen tanzen? Mädchen gingen immer noch in Begleitung von jungen Männern aus, sonst waren sie, wie die Erwachsenen abfällig meinten *Freiwild*. Meine Schwester und ich sahen heimlich *Studio B*, die angesagteste Schlagersendung im Westfernsehen, und übten die neuen Tänze vor dem Spiegel.

In unserer Oberschule gab es zu meinem Bedauern fast nur Mädchenklassen. Unsere Klasse, das waren Bonzenmädchen, da die Schule nicht weit vom sogenannten *Städtchen* in Pankow lag, dem streng bewachten Wohnviertel von Walter Ulbricht und Co. Die blonde Uta zum Beispiel war die Tochter vom Verkehrsminister, die dickliche Kerstin die vom Direktor der *Volksbühne*. Der Vater von der ehrgeizigen Ursel arbeitete als Chefarzt an der berühmten *Charite*. Die taten alle so, als wenn es Rock und Pop nicht gäbe.

Die Lehrer waren zum Teil altgediente Kommunisten, mit einer provisorischen pädagogischen Ausbildung, wie unser Deutsch- und Staatsbürgerkundelehrer.

Herr Lieboldt, um die 50 Jahre, trug eine Brille mit Gläsern in Flaschenbodenstärke. Damit starrte er mich manchmal sekundenlang an. Er schien zu überlegen, wie er derart leichtfertigen Mädchen zu einer gesellschaftspolitischen Einstellung verhelfen konnte.

Am Anfang jeder Deutschstunde gab es ein *Kunstwerk*: Etwas Literarisches wurde nach eigener Wahl vorgetragen. Je pathetischer, desto besser die Note. »Fräulein Huhn«, Herr Lieboldt, im Silberglanz seiner prächtigen Haarmähne, sprach uns als einziger Lehrer mit dem Nachnamen an, »Fräulein Huhn, was tragen Sie uns heute vor?«

Knallrot schreckte ich vom Sitz hoch und bewegte mich langsam nach vorn zur Tafel. Ich las zuerst stockend, dann fester werdend ein Gedicht von Erich Weinert, einem regimetreuen Schriftsteller des sogenannten *sozialistischen Realismus*. Es hieß: *Die Mutter.*
»Mutter, warum hast du deinen Sohn großgezogen ...«

Die Nazis erschießen dann im Verlauf des Gedichts den jungen kommunistischen *Vaterlandsverräter,* aber die Mutter fühlt sich dadurch irgendwie geadelt.

Herr Lieboldt sagte mit bewegter Stimme: »Fräulein Huhn, setzen, eine Eins!«

Bei *Neuland unterm Flug* von Michail Scholochow, einer langatmigen Auseinandersetzung mit den neugegründeten Kolchosen in der Sowjetunion, zog er mich auf: »Hühnchen, Sie sind doch von's Land, jetzt erzählen Sie uns mal was von der LPG!«

Aber als in *Wie der Stahl gehärtet wurde* Nikolai Ostrowskij seinen antifaschistischen jungen Helden zum Henker sagen lässt *Das Leben, es wird einem nur einmal gegeben und benutzen muss man es so, dass man sterbend sagen kann, ich habe mein ganzes Leben und meine ganze Kraft dem Kampf der Arbeiterklasse gewidmet ...* oder so ähnlich, da lief es uns doch allen kalt über den Rücken. Herr Lieboldt erweckte in mir andeutungsweise kommunistisches Gedankengut.

Zu Beginn jedes Schuljahres wurden die Pflichtfilme mit den Originalaufnahmen der sowjetischen Befreiungsarmee aus den Konzentrationslagern des Nationalsozialismus vorgeführt: Leichenberge jüdischer Opfer und zu Skeletten abgemagerte Häftlinge. Man teilte uns eindringlich mit, nur in der DDR würde so etwas nicht wieder passieren. Im Westen seien die *Bonner Ultras* und Altnazis schon wieder beim Anzetteln eines dritten Weltkrieges. Das war eindringlicher als die laschen Verteidigungen der Nazizeit von meiner Mutter.

Ich befand mit einem Mal, dass meine Mutter, die mir bis dahin die Welt gut erklären konnte, wenig Ahnung vom Weltgeschehen hatte und den Nationalsozialismus, wie die anderen Mitläufer auch, gewähren ließ.

»Aber Hitler hat die Autobahn gebaut … und die randalierenden Kommunisten waren weg von der Straße und von den Juden haben wir nicht gewusst, dass …«, rechtfertigte sie sich.

Von den Gräueltaten der deutschen Wehrmacht hatte sie angeblich nichts erfahren? Viel gefragt hatte sie sicher nicht. Natürlich hätte *ICH* damals alles besser gemacht!

»Ach Kind, was weißt du denn schon. Wir waren jung, wir wollten leben. Wir schwärmten für Hitler. Der Krieg begann dann so bald, da wurden wir erst langsam hellhörig.«

Ende der 50er-Jahre hielten sich immer noch fast alle Deutschen in Ost und West aus unerfindlichen Gründen für Opfer des Nationalsozialismus. *Zur Aufarbeitung der Nazizeit hat den Deutschen der nötige Zorn gefehlt,* schrieb Hannah Arendt.

Meinen Vater konnte ich nicht mehr fragen. Er fehlte mir. Aber fast alle meiner engsten Freundinnen hatten keinen Vater mehr. Manche Mütter hatten neue, jüngere Lebensgefährten, die den Krieg nur noch als Jugendliche erlebt hatten.

Der mollige Chef meiner Mutter in der Friedhofsverwaltung, Superintendent Wilde von Wildemann, unterstützte und besuchte sie regelmäßig. Er war von ostpreußischem Adel und vorübergehend Junggeselle. Er wartete darauf, dass er von der Bundesregierung zwecks Familienzusammenführung herausgekauft wurde. Eigentlich wollte er lieber bei meiner gut aussehenden Mutter bleiben, bloß das ging als verheirateter Pfarrer nicht gut. Die Kolleginnen in der Friedhofsverwaltung munkelten sowieso schon genug.

Ich fand den *super*, das war unser Spitzname für ihn. Wir mussten ihn mit *Herr Superintendent* anreden, reaktionär, langweilig und mit Anfang 50 schon uralt. Unsere Mutter betonte uns gegenüber ständig, dass ihr überhaupt nichts an Männern läge. Als ältere Frau erotische Gefühle zuzugeben, war Ende der 50er-Jahre noch nicht gesellschaftsfähig.

In der Schule litt ich unter Schüchternheit. Aus unerfindlichen Gründen errötete ich sehr schnell und dieses bei den unpassendsten Anlässen. Es kostete mich viel Kraft, das Rotwerden zu unterdrücken. Später lernte ich, dass nicht die Schüchternheit das Problem war, sondern der Zwang, sie zu überspielen. Ich wurde langsam sicherer.

Außerdem verspürte ich damals eine anhaltende Talentlosigkeit. Ich wusste nach meiner Meinung nicht genug, gehörte nirgendwo dazu und hasste mich phasenweise selbst dafür. Ich schwor mir jedenfalls, nicht, wie so viele Erwachsene in meiner Umgebung, später einmal meine Schulzeit unnötig zu verherrlichen.

Nach der Schule ging ich oft mit meiner braunen Schultasche nach Hause und drückte sie mit beiden Armen an die Brust. Das machten viele Mädchen so. Es hinderte die Jungen daran, unsere Brust anzustarren, die wir entweder zu klein oder zu groß fanden. Die Jungen neigten zu anzüglichen Bemerkungen. Zurückzuschreien galt als ordinär. Sie zu ignorieren war angeblich würdevoller. Ich fand das aber eher demütigend.

In der Oberschule war Petra meine neue beste Freundin. Sie war zierlich und dunkelhaarig. Wir begannen unsere Welten zu teilen, beide erfüllt von einer unbestimmten Sehnsucht. Unsere Geheimnisse schufen uns eine gemeinsame Identität.

Nach der Schule gingen wir zu ihr, zogen die Vorhänge zu – unsere Mütter waren zur Arbeit – und träumten bei Schlagermusik des *RIAS* von einem Traumprinzen. Dazu sang Paul Anka, nicht viel älter als wir, *Diana*. Wir teilten unsere Gedanken und ersten Erlebnisse mit Jungen, die wir uns mit zusammengesteckten Köpfen in den Schulpausen zuflüsterten. Wir unternahmen fast alles gemeinsam: Tanzstunden, Kino und Theater. Unser Innenleben brauchte ständig einen Zeugen und die Nähe einer Freundin.

Wir lasen beide viel, meist verschlangen wir die alten europäischen Klassiker und schwärmten von den Helden des 19. Jahrhunderts. Die neuere westdeutsche Nachkriegsliteratur – die Schriftsteller der *Gruppe 47* wie Böll, Grass, Celan, Walser, Bachmann – war uns in der DDR nicht zugänglich.

Manchmal schaute ich gelangweilt aus dem Fenster des dritten Stocks in unserer Wohnung in Pankow. Unten vor der Haustür lungerten der *Blonde* aus dem Hinterhaus und seine Kumpel herum. Den Blonden kannte ich, der ging auf die Mittelschule um die Ecke und sah richtig toll aus: groß, lange Haare und hautenge Jeans. Sie hielten ein rotes Kofferradio aus dem Westen im Arm. Sie lachten und johlten und zeigten immer wieder zu uns nach oben.

Meine Mutter brauchte für den *Super* heute zum Abendessen noch einiges und ich sollte es schnell besorgen: »Linda, gehst du nicht mal?«, fragte ich meine kleine Schwester, aber die hörte gar nicht hin, sie machte gerade Schularbeiten. Das galt bei unserer Mutter als Schonzeit.

Meine große Schwester nutzte das auch aus und es lag ständig etwas unter ihrer Nase, das wie ein Schulbuch aussah. Darin war alles Mögliche versteckt, sogar Liebesbriefe.

Mein Herz klopfte bis in die Ohren, ich musste an denen da unten vorbei. Ich malte mir mit meinem neuen grellrosa Lippenstift aus dem Westen die Lippen an, zog meinen Pferdeschwanz in Hochform und nahm meine karierte Jacke, die ich mir selbst genäht hatte, die mit dem schicken Fellkragen. Jetzt fühlte ich mich gewappnet.

Schnell lief ich an den Jungen vorbei, drehte den Kopf angestrengt zur anderen Seite, rannte über die Straße … die Straßenbahn klingelte, ich zuckte zurück – zu blöd, wie sah das denn aus – und verschwand in dem kleinen Milchladen. Für die Butter musste man damals noch eine Lebensmittelmarke aus der Jackentasche kramen.

Ich trat aus dem Laden und blickte aufgeregt zu unserem Haus hinüber. Die *Halbstarken* ließen gerade eine Flasche kreisen.

»Na, Süße«, sagte der Blonde und wollte mich gerade um die Taille fassen, als ich die schwere Haustür aufdrückte, »willste mal probieren?«

Plötzlich tauchte der *Super* im Hausflur hinter mir auf. »Tag, Witha. Na, wie war's heute in der Schule?«

Gerettet, dachte ich. Eigentlich irgendwie schade.

In der zweiten großen Pause erhielt ich bei der Schulspeisung einen zerknüllten Zettel, den mir ein Freund von Peter hastig zusteckte: *I love you, wann können wir uns mal treffen?,* las ich mit hochrotem

Kopf. Wir verabredeten uns am *Ku'damm* in Westberlin (die *Mauer* wurde erst zwei Jahre später gebaut). Dort wurde gerade *Wenn die Conny mit dem Peter*, einer der angesagtesten Musikfilme gespielt. Meinen ersten Kuss erlebte ich anschließend auf dem eiskalten Weihnachtsmarkt am Marx-Engels-Platz, in der *Raupe*, deren dickes Zeltstoffverdeck beim Fahren zuging. Viel zuviel Spucke, befand ich. Wir trafen uns dann ein paarmal. Die ersten Rendezvous', zaghaftes Händchenhalten, im Kino der Arm um die Schultern, das langsame enge Tanzen beim Schulball, der Kampf gegen Reißverschlüsse und Knöpfe! Keine der beiden Seiten wusste, was als Nächstes passieren sollte …

Im Sommer zelteten unsere Mutter und wir drei Mädchen an der Ostsee. Luftmatratzen, Zelt, Kocher, Geschirr und viele Konserven schickten wir in großen Postmietbehältern vor. Dann ging's mit dem Zug nach Rügen. Das Schönste nach dem Baden im Meer war das Tanzengehen in Sellin auf der *Seebrücke*. Hier war es nicht anstößig, als Urlauberin nur mit einer Freundin auszugehen. Die Bands hatten es durchgesetzt, einen Anteil von Popmusik aus dem Westen spielen zu dürfen.

Meine Schwester und ich *hotteten,* wie man damals sagte, wie verrückt. Endlich konnten wir *auseinander* tanzen und unsere Tanzschritte ausprobieren. Unsere Petticoats wirbelten herum.

Manchmal besuchte uns der eine oder andere *Jüngling*, wie meine Mutter sie nannte, vom ersten Flirt auf der *Seebrücke* mit dem Motorrad in Berlin. Der meist heftige sächsische oder thüringische Dialekt erschien meiner Schwester und mir aber eher peinlich: »Weeßte och, dass isch disch gerne hob.« Nein, das ging gar nicht!

Aber Rock und Pop, die Parallelwelt unserer Generation, hatten wir auch in der DDR erfolgreich für uns erobert.

Ein fester Freund

Ich saß beim *VEB Bergmann Borsig* in der Schönholzer Heide im großen Festsaal. Er sah kalt und kahl aus. Viele kleine Tische waren mit Kerzen und weißen Tischtüchern gedeckt. Es blieb trotzdem ungemütlich. Hier absolvierten wir im Winter unsere Tanzstunde. Heute feierten wir unseren Abschlussball.

Bei *Bergmann Borsig* fand wöchentlich, wie in allen Oberschulen in der DDR, unser *Tag in der Produktion* statt. An diesem *Produktionstag* hatten wir erst Berufsschule und dann Werkstatt: Wir lernten Kunststoffschweißen. Die Ausbilder schienen ganz angetan von unserem Interesse und unserer Disziplin, weniger von unserem handwerklichen Können. Die dünnen Kunststoffstäbe, die wir mit dem Schweißbrenner in die Schweißnaht einlegten, verbrannten sehr schnell und dann ergab das keine gute Schweißnaht mehr. Es gab viel Hallo von den gestandenen Schweißern, wenn wir mit Hackenschuhen, angemalt und wie ich mit hochgebundenem Pferdeschwanz, am *Produktionstag* in die Werkstatt einliefen.

Wir, die Elftklässlerinnen einer Mädchenklasse der *Ossietzky Oberschule* aus Pankow, saßen nun also heute mit toupierten Haaren und Abendkleidern auf einer langen Bank. Meines hatte ich aus einem geblümten Sommerstoff selbst genäht, aufregend ausgeschnitten und mit schmalen blauen Spaghettiträgern versehen, die ständig verrutschten. Ich fröstelte ein bisschen vor Aufregung, an diesem frischen Frühlingstag im April 1960.

Die jungen Männer, Lehrlinge bei *Bergmann Borsig*, forderte unser Tanzlehrer, ein älterer Herrn mit schütterem Haar und einem altmodischen Tweedjackett, jetzt auf, sich eine Ball-Dame auszuwählen. Die Jungs schwärmten von der gegenüberstehenden langen Bank wie auf Kommando aus. Wir Mädchen saßen wie die Hühner auf der Stange und warteten. Wie entwürdigend! Jetzt zeigte es sich, wer von uns lustig und nett oder, wie ich, ironisch mit den meist noch kindlich agierenden siebzehnjährigen Jungen umgesprungen war. Meine Freundin Petra saß schon gemütlich mit dem langen Rothaarigen an einem weiß gedeckten Tisch, ich hingegen wartete immer noch *auf der Stange* und wusste nicht, wo ich vor Verlegenheit hinsehen sollte. Tief im Innersten hielt vielleicht jede von uns sich für außerordentlich anziehend, aber warum klappte das heute nicht?

Ich entschied mich gerade, stocksauer, hinauszulaufen und mit dem Bus nach Hause zu fahren. Da verbeugte sich ein hübscher junger Mann vor mir und überreichte mir einen Strauß gelber Rosen. »Guten Abend, ich heiße Michael, darf ich Sie zu einem Tisch führen?«, flötete er galant. Verdattert schaute ich hoch, den kannte ich ja gar nicht. Kühle graue Augen schauten mich an und ein etwas spöttischer Mund lächelte mir zu. Keines der Mädchen hatte Rosen bekommen. Schnittblumen erhielt man zu dieser Jahreszeit nur unterm Ladentisch. Er überreichte sie mir mit einem nun doch unsicheren Lächeln. Ich sprang auf und nahm seinen Arm und die gelben Rosen und wir eroberten einen Tisch im Saal.

Michael bestellte weltgewandt eine Flasche Weißwein. Den *Grauen Mönch* gab es im Moment überall. Er zwinkerte mir komplizenhaft zu und probierte einen Schluck für die Kellnerin. Dann fingerte er eine *F6* aus seiner Pappschachtel. Als er mir eine anbot, nahm ich sie schnell, um meine Unsicherheit ein wenig in den Griff zu bekommen. Zu blöd, meine Hände zitterten beim Anzünden. Ich taxierte ihn unauffällig von der Seite. Er trug einen dunkelgrauen Anzug und ein neues weißes Nylonhemd aus dem Westen, mit einer roten Fliege. Die schwarzen glatten Haare waren gescheitelt und die widerborstigen zur Seite gegelt. Er strich die abtrünnigen Strähnen ab und an ruhig aus der Stirn. Warum hatte ich ihn hier noch nie gesehen?

Dann klärte er mich auf: Er sei auch Lehrling bei *BB* aber in einem anderen Werksteil. Er habe seinen Freund, den großen Dicken mit den rosigen Wangen aus der Tanzstunde, den ich gut kannte und den sie alle *Baby* nannten, neulich von der Tanzstunde abgeholt, mich dabei im Bus gesehen und nachgefragt, weil ich ihm gefallen habe. Baby hat offenbar gesagt, ich sei zwar eine tolle Ische, aber nicht zu knacken und eingebildet wie alle Oberschüler. Aber das hat Michael geradezu angespornt, es heute bei mir zu versuchen, erzählte er mit einem selbstbewussten Blick. (Dass sie sogar um drei Flaschen Rotkäppchen-Sekt gewettet hatten, hat er mir erst später gebeichtet.) »Bitte lass mich jetzt bloß nicht hängen«, lachte er nun doch ein wenig verlegen und ergriff zum ersten Mal meine Hand.

Diese Geschichte imponierte mir und ich schaute triumphierend hinüber zur Ecke, wo der dicke *Baby* und seine Vasallen herumlümmelten.

Michael winkte lässig mit der Zigarette. Ein wenig unsicher wurde ich dann doch. Mochte er mich denn heute auch ohne diese blöde Angeberei?

Eine kleine Kapelle mit drei jungen, mit Anzügen bekleideten Musikern spielte West- und Ostschlager (60 % West-Schlager zu 40 % DDR-Schlager war vorgeschrieben!). Beim *Rock around the Clock* von Bill Haley gab es kein Halten mehr und wir stürzten auf die Tanzfläche. Einige vom Tanzkurs umringten uns und klatschten im Rhythmus mit. *Also tanzen kann er*, dachte ich, auch wenn ich beim Drehen ob seiner Größe manchmal verloren ging, wenn er mich in seine Arme und wieder zurückrollte.

Nass geschwitzt gingen wir stolz Hand in Hand an die frische Luft. Wir schauten in die abendrote Schönholzer Heide, mit den noch kahlen Laubbäumen, und Michael fragte mich: »Hast du Lust mit mir und meinem Motorrad am Wochenende irgendwohin zu fahren?«

»Am Sonntag wäre prima«, antwortete ich schnell und überlegte: *Ich will doch mal sehen, ob der in Jeans und Pulli noch genauso gut aussieht.*

Eng umschlungen tanzten wir zu *It's now or never* und anderen frühen Elvis Songs miteinander, tranken und rauchten ein bisschen zu viel, alberten mit den Mädchen aus meiner Klasse herum und Erika versuchte doch tatsächlich, Michael anzuflirten. Der tat aber so, als ob er das nicht bemerkte, was ich ihm hoch anrechnete.

Dann brachte er mich mit dem Doppelstockbus nach Hause. Im Bus legte er seinen Arm um mich, strich mir meine langen verschwitzten Haare aus dem Gesicht und schaute mir einen nachdenklichen Moment prüfend in die Augen, als wollte er mich testen, ob ich es auch ernst mit ihm meinte. Ich fühlte mich durch Wein und Anspannung ein bisschen durcheinander.

Die wenigen Schritte vom Bus bis zur Haustür liefen wir schweigend Hand in Hand. Vor der Haustür küsste ich ihn verlegen zum Abschied auf die Wange und rannte nach oben.

Meine Mutter guckte wie üblich neugierig im Nachthemd aus dem Schlafzimmer: »Na, wie war's denn? Erzähl doch mal.«

»Ach, so lala!«, berichtete ich etwas unwirsch und verschwand im Badezimmer.

Beim Abschminken schaute ich kritisch in den Spiegel: *Bin ich denn wirklich eingebildet?* Wie sonst ließe sich die Meinung der Jungen erklären? Eigentlich fand ich mich selbst eher schüchtern.

Ich schlich ins Mädchenzimmer. Meine Schwester schlief schon, sonst hätte ich ihr gleich alles erzählen können, schade.

Im Bett dachte ich über Michael nach. Den mochte ich, den wollte ich haben! Er hatte eine selbstsichere ehrliche Art, die die Jungen, die ich bisher kannte, alle nicht drauf hatten, obwohl er so wie ich erst knapp 17 Jahre alt war. Aber ich wollte unbedingt einen festen Freund! Allerdings hatte er nur den Mittelschulabschluss. Ob ich ihn später, wenn wir zusammenblieben, mal bitten konnte, das Abitur auf der Abendschule nachzuholen? *Mist*, dachte ich, das hatte uns unsere Mutter so eingebläut: »Bringt mir nur einen Mann, der studiert hat. Wozu habe ich darum gekämpft, dass ihr alle drei Abitur machen dürft, obwohl euer Papa Pfarrer war!« Vielleicht sollte ich einfach abwarten, wie sich die Sache entwickelte. Mit diesen Gedanken zog ich mir die Decke über die Ohren und schlief irgendwann unter unruhigen Traumfetzen ein.

Das erste Mal – eine einzige Katastrophe

Die Eltern von Michael waren im Theater. Er zog mich in ihr Schlafzimmer. Heute sollte es passieren. Wir nannten es *das Letzte*! Michael zog sich schnell selbst aus. Ich nestelte an meiner Kleidung, ein Knopf fiel zu Boden. Ich schälte mich aus meiner Bluse und ließ sie hinuntergleiten. Dann griff ich mit beiden Händen hinter mich, um meinen BH zu öffnen. Das fühlte sich irgendwie nicht gut an. Mein BH klemmte. Michael bekam ihn auch nur mit Mühe auf und streichelte mir, mutig geworden, über die Brust. Ich sah ihn unsicher an. »Oh, du bist schön«, sagte er leise. Ich wusste nicht, wie wir ohne Peinlichkeit in das Bett kommen konnten. Ich sprang als Erste unter die Bettdecke. Sie fühlte sich muffig und schwer an. Warum musste es denn ein richtiges Bett sein, beim ersten Mal, und nicht im Wald oder am See, wie in meinen Büchern?

»Wills du nicht das Licht ausmachen?«, fragte ich.

»Warum denn?«

»Weil … eben …«

Michael streckte sich im Dunkel, nachdem er den Schalter gedrückt hatte, in seiner ganzen Länge nackt neben mir aus. Ich betrachtete ihn heimlich im Schein des Fensters von der Seite. *Alles an ihm ist so, wie ich es mir wünsche,* dachte ich, nun doch etwas erregt, und begann ihn an den muskulösen Oberarmen ungelenk zu streicheln. Er wickelte mich aus der Bettdecke und wir drückten und rieben uns fest aneinander. Michaels Umarmung wurde fordernder.

»Hast du auch an diese Dinger gedacht?«, fragte ich ihn leise.

»Hm«, sagte er und nestelte herum.

Immer hatte ich Ängste, anstatt mich auf meine Gefühle zu besinnen, dachte ich zornig. Aber das brachte mich nicht gerade in eine erotische Stimmung. »Was ist, wenn deine Eltern früher nach Hause kommen?« Mein Gott, schon wieder gingen die Ängste mit mir durch.

Meine Nervosität war ansteckend. Michael drückte sich hastig in mich hinein. Ich spürte, dass das ein bisschen brannte und ich konnte gar nichts Aufregendes, so wie ich es mir vorher ausgemalt hatte, dabei empfinden und stöhnte ein wenig. Michael bemerkte das und hörte sofort auf, sich in mir zu bewegen. Die Enttäuschung übermannte uns beide. Wir fielen auseinander. Michael unterdrückte die Scham eines kurzen Aufschluchzens im Kopfkissen. Ich zog ungelenk meine Bettdecke hoch. Keiner von uns sagte ein Wort.

Wir waren zu jung, um zu wissen, dass das alles beim ersten Mal mit 17 Jahren normal war, dass die große Erotik sich nicht auf Bestellung einstellte. Wir trauten uns lange nicht, eine Wiederholung zu wagen.

Sie sagten, wir wären das Land der Zukunft ...

Herr Klempner, der Direktor unserer Bibliotheks-Fachschule, war ein wenig ergriffen von seinen Worten, mit denen er die Abschlussfeier des Jahrgangs 1961 eröffnete. Er hatte heute sein *Ich-liebe-euch-doch-alle-Gesicht* aufgesetzt.

»Die sozialistische Umgestaltung des wissenschaftlichen Bibliothekswesens ist untrennbar verbunden mit der Aus- und Weiterbildung von Kadern, die treu zum ersten deutschen Arbeiter- und Bauernstaat stehen ...« Und weiter: »Unser Staat hat euch so viel gegeben, jetzt müsst ihr beweisen, dass ihr eure eingegangenen Verpflichtungen an die Gesellschaft erfüllt!«, dozierte er würdevoll.

Seine Augenlider hingen meist schlaff über den flink hin und her flitzenden Augäpfeln. Das verlieh seinem Gesicht etwas Lauerndes. Heute wollten Klempners Augen warm und väterlich schauen, aber sie irrten nur unstet im Raum herum. Sie hakten sich an uns in der dritten Reihe fest: »Den Zweiflern an unserem sozialistischen System geben wir keine Chance!«, rief er kämpferisch.

Wir zogen schnell unsere Köpfe ein. Er fuhr in einer weiten fahrigen Geste theatralisch mit beiden Händen an sein großes Herz, und ich vermutete, jetzt sage er versöhnlich so etwas wie: *Es war eine erfolgreiche gemeinsame Zeit!*, aber weit gefehlt. Er rief abschließend den Studentinnen zu: »Es lebe die Deutsche Demokratische Republik, das Land der Zukunft!«

Ein aufbrausendes Klatschen der Erleichterung schallte durch den mit viel Gold und Brokat verzierten erhabenen Festsaal der *Deutschen Staatsbibliothek zu Berlin*.

Ich saß in meiner blauen FDJ-Bluse und schwarzem Minirock im Saal und lauschte scheinbar interessiert den Worten. Wir waren diese *Null-Aussagen-Sätze* gewöhnt. Meine Freundin Petra und ich

71

verabredeten uns gerade leise, am Abend mit unseren Verlobten ins *Café Binz* tanzen zu gehen

»Bitte Fräulein Roswitha Charlotte Huhn!«

Ich presste mich rücklings durch die Reihe: »Tschuldigung!« Ich kletterte etwas wacklig zur Bühne hoch. Oh Gott, wie fiel das Zeugnis aus? Jetzt rächten sich die lustigen Studententage.

Eltern und Absolventinnen, im feinen Abenddress, drehten die Hälse. »Nee ... also der Rock ist zu kurz und die Hackenschuhe zu hoch«, wurde flüsternd beschieden.

Auf der Bühne schüttelte man mir die Hände. Der Literaturdozent Herr Mücke, sein billiger Anzug schlotterte ihm um die Figur, überreichte Zähne fletschend, das hieß lächelnd, mein Zeugnis. Er umarmte jede von uns. Ein Lob für die Examensarbeit.

Mücke, vom Krieg gezeichnet, gelblich und alt, dozierte in den Vorlesungen begeistert über die Literaten der Arbeiterklasse: Erich Weinert, Bruno Apitz, Michael Scholochow, Christa Wolf, Nikolai Ostrowski und andere Schriftsteller des sozialistischen Realismus. Aber er wollte es nicht wahrhaben: Kolchose, Klassenkampf und dazugehörige Prosa und Lyrik waren für uns unentschuldbar langweilig.

Ein Klavierspieler intonierte inzwischen die *Ode an die Freude*. Der Chor der Staatsbibliothek drängte von allen Seiten auf die Bühne und fand eine angemessene Aufstellung. Hinter ihnen prangte in roten Lettern: *Von der Sowjetunion lernen, heißt siegen lernen!*

Petra und ich drückten uns aus der Reihe und hinaus aus den ehrwürdigen Hallen der Staatsbibliothek, zur klapprigen Straßenbahn am Kupfergraben. Wenn die sozialistischen Losungen für mich nur nicht alle so peinlich gewesen wären! Fremdschämen war angesagt – für die Unehrlichkeit der Parolen, die uns zugemutet wurden.

Nächste Woche würde ich mit Zelt und meinem Verlobten ins Ostseebad Binz fahren.

Aussuchen durfte man sich meist nicht, wann und wo man an der Ostsee zeltete. Wir schickten riesige Postmietbehälter mit Tütensuppen, Marmelade, Wurstkonserven, Schmalzdosen, Margarine und Nudeln auf den Zeltplatz. Die Lebensmittellieferungen in die Provinz verschlechterten sich von Jahr zu Jahr. In Berlin war die Versorgung besser. Dorthin kamen viele Touristen, denen wollte man die Sonnenseite des Sozialismus zeigen.

An der Ostsee zelten, erschien uns Jungen trotzdem als die einzige attraktive Urlaubsform. Familien, wie meine Schwester, fuhren bald mit Trabbi und Wohnwagen ans Schwarze Meer. Tausende von Kilometern und immer die Befürchtung, dass die Benzinkontingente und die Tages-Umtauschsätze nicht reichten.

Michaels Motorrad, eine *RT*, gab's schon vor dem Krieg. Mein Maschinenschlosser Michael zerlegte sie in alle Einzelteile und baute sie frisch geölt wieder zusammen, und das am liebsten an jedem Wochenende. Ohne Sturzhelm, wie damals üblich, ging es über Land.

Neben der Waschanlage entdeckten wir auf dem Zeltplatz noch eine freie Stelle für unser kleines Zelt. Michael baute, ausgestattet mit zwei rechten Händen, alles ganz fix auf.

Dann rannten wir in unserer Badebekleidung laut brüllend hinein in die Ostsee. Oh, FKK ... Nein, das kam für mich nicht infrage. Ich war wohl noch nicht in der DDR-Erwachsenenwelt, die um kleine erlaubte Freiheiten rang, angekommen. So suchten wir uns ein Plätzchen außerhalb.

Nach dem Frühstück stürmten wir aufs Handtuch in den feinen weißen Sand. Ich führte Michael stolz meinen rosakarierten Bikini vor, den ich mir selbst genäht hatte. Nina Hagen, die DDR-Rockröhre, sang im Kofferradio: *Du hast den Farbfilm vergessen, mein Michael* ... Kein guter Radio-Empfang hier, so weit weg von der Zivilisation.

Am Abend schmeckte der *Tokaj Aszu* süß und machte schnell beschwipst. Bier war am Kiosk aus. Die Kerzen flackerten. Die Mücken sirrten durstig. Zum Lesen war es zu finster. Wir schichteten uns juckend in die Schlafsäcke, auf die Luftmatratzen.

Die Wellen klatschten unbändig und krachend, nur einige Meter vom Zelt entfernt, an den Strand. Manchmal stand ich noch einmal auf und lief mit nackten Füßen ans Meer. Es schien schwarz bis zum Horizont. Einmal mit dem Schiff weit weg fahren, bis nach Dänemark oder Schweden … Ich schob Michael danach ein Stückchen zur Seite, um Platz zu gewinnen, und legte meinen Arm um ihn.

Wieder zuhause, fanden wir im Briefkasten den Einberufungsbefehl der NVA. Anderthalb Jahre Angermünde. Beklemmung legte sich auf Michaels Gemüt. Vielleicht konnten wir einige Erleichterungen, wie Wochenend- und Sonderurlaub herausschinden, wenn wir vorher heirateten. Dann wuchs auch die Chance, eine Wohnungszuteilung zu ergattern. Alles gute Gründe, in der DDR früh zu heiraten.

Wir stritten wenig, manchmal herrschte etwas Langeweile, aber das verdrängte ich. Das würde sicher besser, wenn wir heirateten.

Hochzeit feierten wir im grauen November, kurz vor der Einberufung, in der Friedenskirche. Um die Ecke, beim *Schloss Niederschönhausen*, befand sich das gut verbarrikadierte *Städtchen*, die Wohnsiedlung der Funktionäre, die sicher mit kaltem Herzen täglich an der Kirche vorbei in die Stadt chauffiert wurden.

Michael war Atheist, aber unser Pfarrer zögerte nicht lange und schon klappte es mit der kirchlichen Trauung. Meine große Schwester schickte aus dem Westen einen bestickten Brokat für ein Brautkleid und meine Mutter nähte und nähte. Onkel Leo aus Österreich, war der einzige Hochzeitsgast, der ein Auto, einen weißen *Fiat 500*, besaß. Da stopften sie Braut und Bräutigam hinein und kutschierten sie zur Kirche. Gefeiert wurde im *Ganymed* am Schiffbauerdamm an der Friedrichstraße, das existiert in seiner morbiden Pracht heute noch.

Manchmal empfand ich, das war nicht ich, die so unbedarft heiratete und so wie beschrieben lebte. Ich erinnere mich kaum an willentlich durchdachte Entscheidungen in dieser Zeit. Meist bestimmten die Erwachsenen noch über mich. Ich bedauerte manchmal, dass ich das, was ich mir vornahm, nicht stärker favorisierte und dass ich oft noch gar nicht wusste, was ich wollte.

Vater Freytag, der Schwiegervater meiner großen Schwester im Westen, war ein vollendeter Gentleman. Auch deshalb mochte ich ihn. Wenn ich ihn einmal die Woche, gut sichtbar für alle Nachbarn, besuchen kam, servierte er mir Windbeutel, allerdings ohne Schlagsahne, die gab es im Osten nicht.

Nach seiner erfolgten Rentner-Übersiedlung in die BRD zog ich mit meinen Aussteuersachen, Michael diente noch bei der Armee, einfach in seine Wohnung und zahlte die 24,- Mark Miete brav weiter. Das Wohnungsamt, scheinbar überfordert, schritt nicht ein. Ich heizte täglich unseren Badeofen in dem kleinen alten Bad und zog Geranien auf dem winzigen Balkon des Altbaus aus den 30er-Jahren.

Nach einem halben Jahr klingelte es an der Tür. Eine ältere Dame mit Löckchen und Lachfältchen um die Augen vertraute mir, als sie Platz genommen hatte, an: »Ich komme von der kommunalen Wohnungsverwaltung. Ich trete jetzt bald meine Rente an. Ich hab alle Unterlagen bereinigt. Sie verstehen? Alles Gute!«

Eine Mitarbeiterin der sozialistischen Bürokratie hatte sich zweier junger Menschen erbarmt.

Meine große Schwester schickte uns richtige Niethosen. Echte hautenge, nicht die nachgemachten unförmigen aus Baumwolleinen aus der *HO*. Das erregte Neid.

»Besorgst du mir auch welche? Ich zahl dir, was du willst!«

Aber mit Ostgeld konnte man in der DDR einfach nichts kaufen.

Gleich hing an der Wandzeitung ein anonymer Zettel: *FDJ-Funktionär* (das war ich) *in West-Niethosen!*

Es besorgten sich ständig mehr Jugendliche solche Niethosen als Ersatz für eine Weltanschauung, und so ließ man es zähneknirschend auf sich beruhen.

Einmal produzierte ich allerdings einen groben Fehler: Wir diskutierten mit dem Onkel von Michael, Hängebäckchen und Basedowaugen, einem dumpfen Parteisekretär im Ministerium, über uns *Jugend von heute* und unsere Träume. »Wir wollen anders leben als ihr! Wir möchten nach Paris und New York reisen, Pop-Musik hören, Rock 'n' Roll tanzen! Ich verstehe die Freunde, die weg wollen!«, argumentierte ich.

Der Onkel fragte hinterhältig: »Würdest du denn auch abhauen, wenn du könntest?«

»Ja, natürlich!«, konterte ich unüberlegt.

Das Gesicht vom Onkel erstarrte und rote Flecken zeichneten sich auf seinen Wangen ab.

Ich verbesserte schnell »Natürlich nur theoretisch« und stotterte weiter herum.

Aus war es. Ich musste froh sein, dass er mich nicht ans Messer lieferte. Schon die Absicht zur Republikflucht bestrafte man. Wahrscheinlich überredete ihn Tante Irmchen, seine Frau, die Schwester von Michaels gefallenem Vater, nichts gegen mich zu unternehmen. Aber ich erinnere mich deutlich bei weiteren Familienfesten an das Gefühl einer Demütigung.

Ich verdiente 640,- Mark. Das war der einheitliche Verdienst für männliche *und* weibliche Fachschulabsolventen gleichermaßen, der sich in den nächsten Jahrzehnten kaum veränderte.

Die Studenten der Hochschule rekrutierten sich aus den sozialistischen Bruderländern, den Entwicklungsländern und der DDR. Die Ausländer besuchten ungehindert den Westteil der Stadt und imponierten ihren DDR-Freundinnen mit Nylons und Kaffee. Und wie hatten wir über die deutschen *Frolleins* unserer Müttergeneration, nach dem Krieg die Nase gerümpft.

Ich fungierte in der Bibliothek als Chefin einer *Auskunftsabteilung*. Angeschlossen ein *Westlesesaal*, mit Fachliteratur des Klassenfeindes. »Haben Sie eine schriftliche Berechtigung für die Benutzung der Westzeitschriften?«, fragte ich die Studenten. Morgens las ich bei *Mona*-Kaffee und Stullen gemütlich die kapitalistische Wirtschaftspresse. Die *Konkret* enttäuschte mich. Schrieb sie nicht das Gleiche, wie ich es bei uns im *Neuen Deutschland* lesen konnte? Später erfuhr ich, dass die gesellschaftskritische Studentenzeitschrift, von Ulrike-Meinhofs Ehemann Röhl gegründet, von der DDR finanziell unterstützt wurde.

Am Samstagabend besuchten wir die Schwiegereltern. »Mädel, heute sind bei uns Badeanzüge eingetroffen, komm doch vorbei, ich hab dir welche zurückgelegt.« Schwiegermutter, platinblond und auf ihre Figur bedacht, arbeitete erfolgreich als Verkaufsstellenleiterin im Kaufhaus *Chic* in der Schönhauser Allee. Ich mochte sie, herzlich und lebenslustig wie sie war. Schwiegervater unterhielt uns mit Geschichten aus seinem Polizeirevier, kochte und trug das Essen auf. Michael verkörperte einen *gesellschaftlich am Sozialismus orientierten Hintergrund*, so nannte man das damals.

»Ein Anruf vom Rektorat, du sollst sofort zum Rektor kommen!«
Aufgedreht schminkte ich mich – ich arbeitete noch als Bibliothekarin in der Hochschulbibliothek –, zupfte meine Jeans und meinen Pulli zurecht und rannte ins Hauptgebäude der *Hochschule für Ökonomie*. Die Chefsekretärin lud mich zu einem *Rondo*-Kaffee ein und bat mich in einem großen Ledersessel Platz zu nehmen.

Der Rektor, Professor Kurz, ein Mann in den Vierzigern, schlank und sympathisch, setzte sich dazu und fragte mich rundheraus, ob ich in dem neuen *Institut für Forschungsökonomie*, welches er aufbauen und leiten sollte, eine Stelle als seine Literaturassistentin übernehmen würde. Ich war begeistert. Endlich eine abwechslungsreiche Arbeit.

Meine Kolleginnen in der Bibliothek reagierten frustriert. Warum wählte der gerade mich aus, eine Parteilose?

So malochte ich also ab dem nächsten Ersten des Monats in einem behelfsmäßig im Internat der Hochschule eingerichteten Institut. Morgens schlurften die Studenten im Bademantel zur Dusche. Professor Kurz, mein Chef, regierte nebenher noch als Rektor der Hochschule.

Ich fabrizierte meine Literaturberichte zur Forschungsökonomie aus den verschiedensten Fachquellen, fertigte eine kurze Rezension dazu an und verschickte diesen *Informationsdienst*, vervielfältigt auf dem beißend riechenden *Ormigpapier*, kostenlos an Kombinate und wissenschaftliche Institutionen. An Stress erinnere ich mich kaum.

Aufregung nach der Abteilungssitzung: *Wir fahren alle zum VEB Carl Zeiss nach Jena.* Wir sollen herausfinden, ob der führende Betrieb der DDR ökonomisch genug forscht. Zwei tschechische *Tatras* des Rektorats standen zur Abfahrt bereit. Ich quetschte mich in einen.

Großer Bahnhof bei *Zeiss*. Der Werksleiter, damals Ernst Gallerach, ein drahtiger junger Parteimensch, stand mit der smarten Assistentin zur Begrüßung in einem mit schweren Teppichen und tiefen Ledersesseln ausgestatteten eleganten Empfangsraum. Alle Zeiss-Produkte wurden von dem berühmten abgeworbenen Designbüro *Gerd Böhnisch* gestaltet, ob für die *Sojus 22*, für *Multispektral-Kameras, ZRA-1-Computer* oder die Rüstung. Hier erreichte die DDR ihr so oft beschworenes *Weltniveau* tatsächlich. Man servierte Tee und Kaffee, dazu Schnittchen.

Professor Kurz erläuterte die *Evaluierung*, wie es später hieß. Das ZK der SED hatte das so angeordnet und so gab es nur zustimmendes Nicken. Man legte Jahresberichte, Forschungsvorhaben und Ministeriumsanweisungen vor und diskutierte sie positiv.

Ich wurde in die Informations-/Dokumentationsabteilung geleitet. Auch hier alles vom Feinsten. Eine Datenverarbeitung mit riesigen *ZRA-1-Computern*, die fand man sonst noch nirgendwo in der DDR. Abends trafen wir uns in der schicken Bar des *Interhotels Jena*, für uns reserviert. Ich gesellte mich zu Dietmar, unserem Doktoranden, dem Einzigen, der kein Mitglied der SED, aber immerhin der ähnlich konzipierten CDU war. Er war vollschlank und rosig und in mich verliebt, aber wie ich bereits vergeben.

»Wir werden uns großartig amüsieren«, verkündete ich ihm und wir ließen heimlich einen Flachmann kreisen. Die Preise für den West-Cognac an der Bar konnte keiner bezahlen. Wir genossen ein sich gut anfühlendes Zusammengehörigkeitsgefühl.

Bei unseren Kollegen geriet mittlerweile schon einiges außer Kontrolle und der Alkoholkonsum gestaltete sich, wie bei solchen Dienstreisen üblich, langsam unübersichtlich.

Ich wiegte mich nach der Paul-Kuhn-Melodie des Barpianisten, der mich mit traurigen Ossi-Augen ansah, in den Hüften. Danach verzog ich mich in mein Hotelzimmer. Irgendwie fühlte ich mich wie eine Fremde in meinem eigenen Leben. *Was für eine seltsame Vorstellung*, überlegte ich.

Anderthalb Jahre Armeezeit waren abgeleistet. Ich zog Michael völlig blau aus dem Abteil, des mit frechen, harmlosen Sprüchen beschmierten Zuges mit den entlassenen Soldaten.

Michael neigte nicht zum Klagen. Nur manchmal brach es aus ihm heraus und dann schilderte er die althergebrachten Schikanen der Unteroffiziere. Er benötigte einige Wochen, um sich von dem soldatischen Druck zu erholen und sich in unseren kleinen Alltag einzuleben. Dann begann das eigentliche Eheleben: arbeiten, studieren, einkaufen, essen, ausgehen, fernsehen, Verwandte und Freunde. Wir bemerkten beide, dass Liebe Arbeit bedeutete und voller notwendiger Kompromisse steckte:

Du angelst gern? Ich finde das langweilig!

Du guckst Sportsendungen im Fernsehen, ich lese lieber!

Du lernst für die Klausur in Berufsschulpädagogik? Ich gehe lieber tanzen!

Bald wurde Michael von der Uni angetragen, in die SED einzutreten. Schwiegervater argumentierte: Ein neues, gerechteres Deutschland aufbauen, das könne man nur, wenn man in die Partei eintrete. »Das wird alles noch besser«, meinte er, wenn ich ihn darauf aufmerksam machte, dass ich als Pfarrerstochter seinerzeit wenig Chancen auf einen Studienplatz erhalten hatte, als ich Germanistik studieren wollte. Die Praxis stimme noch nicht mit der sozialistischen Theorie überein, sagte er, aber die Ideen seien schon in Ordnung, es säßen nur die verkehrten Leute an der Macht. Manchmal dachte ich, sein Wunsch beflügelte seine Wahrnehmung. Das alles hier war längst außer Kontrolle geraten.

Ich war von klein auf gewöhnt, keine ehrliche Meinung in der Öffentlichkeit zu äußern. Zwei separate Leben zu führen, fühlte sich für mich normal an. Ich erkannte schnell, wer *politisch* argumentierte und wer nicht, und mit wem ich den ARD-Straßenfeger *Melissa* morgens diskutieren durfte. Wir hörten und sahen ausschließlich Westsender. Es sah dort alles so einfach aus: Glück, Liebe, Wohlstand! Axel Springer tat sein Bestes.

Abends regierte der Westen in den Wohnstuben. Um 20 Uhr fand eine Art *Wiedervereinigung* bei der *Tagesschau* statt.

Manchmal erkannte ich nicht, welchem der beiden Systeme ich vertrauen sollte. *Schüchterne Menschen brechen irgendwann aus*, las ich in einer Zeitschrift. Ich war zwar schüchtern aber ich fand noch nicht raus aus dieser küchenwarmen DDR-Idylle. Ich konnte mir keine Alternative vorstellen. Eine Rebellion fand nicht statt.

Der amerikanische Schriftsteller Jonathan Franzen bezeichnete die DDR in seinem Roman *Unschuld* als *die Republik des schlechten Geschmacks*. Mit schlechtem Geschmack meinte er wohl in erster Linie die Spießigkeit, die Engstirnigkeit und die kulturellen Einschnürungen.

Fühlte sich mein Leben erfüllt an? War Michael glücklich mit mir?

Er schrieb einmal in jungen Jahren in mein Teenager-Tagebuch, das ich ihm in einem vertrauten Moment zum Lesen gab: *Liebes Tagebuch, ich liebe Roswitha wirklich von ganzem Herzen und glaube, dass ich sie immer so wie jetzt lieben werde.*

Amour fou

Einmal im Monat schrieb ich einen Brief an Gabor in Budapest. Ein Briefpartner im sozialistischen Ausland, das war für Jugendliche in der DDR der 60er-Jahre angesagt. Das gab uns das Gefühl, uns ein wenig international geben zu können. Etwas von anderen Ländern zu erfahren. Wie lebten und fühlten die Jugendlichen dort, wie kamen sie mit dem Sozialismus zurecht, welche Freiheiten hatten sie? Gabor, Student, später Ingenieur, mein Brieffreund, heiratete wie ich bald und war nur zwei bis drei Jahre älter. Er schrieb ein altmodisches Deutsch und viel über sein Hobby, die deutschsprachige Literatur vor dem Ersten Weltkrieg: Nietzsche, Musil, Kafka, Rilke – so was. Alles in der DDR tabuisierte Schriftsteller. Manches durften wir uns nicht mitteilen, da die Post zensiert werden konnte, hielten uns aber auch für zu unbedeutend, als dass sie das wirklich tun würden.

Auf dem Schwarz-Weiß-Foto erkannte ich einen etwas untersetzten Typen mit einem offenen sympathischen Lächeln. Der Briefwechsel ging so über einige Jahre und schlief fast ein. Dann schrieb Gabor, dass er für eine Woche nach Ostberlin kommen würde. Michael und ich formulierten eine Einladung, wie bei Reisen ins sozialistische Ausland notwendig, und Gabor reiste mit dem entsprechenden Visum an.

Ich nähte mir ein kariertes Kostüm und ließ mir eine schicke Frisur schneiden. Ich kaufte typisch deutsche Lebensmittel, soweit ich sie bekommen konnte, und putzte unsere kleine Altbauwohnung. Wie würde sich diese Brieffreundschaft in der Realität darstellen? Wie umgänglich war Gabor, würden wir uns mögen? Wir waren jung, ich Anfang, Gabor Mitte zwanzig, da gab es sicher viele Berührungspunkte.

Am Ostbahnhof fuhr der *Balkanexpress* aus Budapest ein. Am Bahnsteig 17 herrschte großes Gedränge. Da ich schlecht Gesichter erkenne, musste ich eine Weile suchen. An der Litfaßsäule bei der Information lehnte ein dunkelblonder, eher unauffälliger Typ in einem hellen Trenchcoat mit sehr wachen warmen Augen. Wir winkten uns zu.

Eine erste schüchterne Umarmung. Gabor erzählte dann sehr lebendig in einem weichen Deutsch von seinen unterhaltsamen Reiseerlebnissen.

Dann sagte er etwas leiser und weniger aufgekratzt als vorher: »Rosewitha, du bist schöner als auf deinen Fotos.«

Und auf einmal kamen wir uns ganz nahe. Ich spürte sein Gesicht dicht an dem meinen. Ich gab mir einen Ruck. Er trug seine Reisetasche in der linken Hand und so gingen wir wie selbstverständlich untergehakt zur S-Bahn und fuhren zu uns nach Pankow. Es fühlte sich so vertraut an, als ob wir uns schon lange kannten, was ja irgendwie stimmte.

Nachdem ich ihn vorgestellt hatte, bemerkte ich, dass auch Michael ihn sehr liebenswürdig fand.

Ich servierte Blätterteigpastetchen mit Hühnerfrikassee, mein Standartgericht für Gäste.

»Ich koche gern«, erzählte Gabor beim *Muskat Otonell*. »Shara arbeitet als Zuckerbäckerin und kommt spät nach Hause und die beiden Kleinen finden, dass es bei mir besser schmeckt.«

Zuckerbäckerin, ich überlegte kurz, bei uns würde man wohl *Konditorin* sagen.

Familie Mehes wohnte sehr beengt in Pest, bei den Schwiegereltern, in deren Drei-Zimmer-Wohnung. Die Schwiegereltern gehörten zur alten österreich-ungarischen Aristokratie aus Wien, daher Gabors altmodische KuK-Deutschkenntnisse.

Gabor träumte davon, erzählte er uns mit leuchtenden Augen, einmal als Filmregisseur zu arbeiten. Das Ingenieurstudium hätte er nur aus einer Notlösung heraus seinem Vater zuliebe gewählt. Er verehrte Fellini, Stanley Kubrick und Zadek und erläuterte wortreich deren künstlerische Intentionen. Anita Eckberg am *Fontana di Trevi*, köstlich, meinte er.

Am nächsten Abend, Michael fuhr zu einer Parteiversammlung in die *Humboldt Uni*, saßen wir bei einem schwarzen Tee und hörten Pete Seegers Schallplatte *We shall overcome*, für die ich letzte Woche zwei Stunden im *Amiga*-Plattenladen angestanden hatte.
Gabor rezitierte deutsche Lyrik aus dem frühen 20. Jahrhundert und verweilte längere Zeit bei Brechts *Gedanken an Marie A.*:

An jenem Tag im blauen Mond September
still unter einem jungen Pflaumenbaum
da hielt ich sie, die stille bleiche Liebe
in meinem Arm wie einen holden Traum
und über uns im blauen Sommerhimmel
war eine Wolke, die ich lange sah
sie war so weiß und ungeheuer oben
und als ich aufsah, war sie nimmer da ...

Ein Liebesgedicht mit bebender Stimme und einem weichen Akzent aufgesagt, das berührte mich im tiefsten Inneren. Bei diesem Gedicht spüre ich noch heute, dass es nur mir gehört. Wie gelang es einem Ungarn so viel Einfühlungsvermögen in die deutsche Sprache zu legen? Ich kannte aus der Schule von Berthold Brecht nur die *Mutter Courage*, *Arturo Ui* und die harte Klassenkampfsprache. Ich glaube, seit diesem Zeitpunkt war ich schon an ihn verloren.

Nietzsche, Gabors Philosophie-Ikone, wiederum verwirrte mich. Nietzsche schrieb zwar sehr schön und pointiert, aber er irrte nach DDR-Meinung doch wohl größtenteils. *Vorsicht*, dachte ich, *vielleicht ist Gabor doch ein wenig weltfremd.*

Den nächsten Tag unternahmen wir beide, Michael fuhr zu seinen Vorlesungen und nahm sich nicht wie ich frei, eine Schifffahrt auf dem Müggelsee. Gabor fotografierte meistens mich. »Ich halte diese intensiven Momente für immer fest«, sagte er nachdenklich bei einer Tasse Kaffee in der Seegaststätte.

Auf der Museumsinsel besuchte ich mit ihm zum ersten Mal den *Pergamonaltar* in seiner wiederhergestellten Erhabenheit und Größe. Auf der Fischerinsel kehrten wir in das historische Restaurant *Zur Letzten Instanz* ein, das älteste in Berlin, erstmals 1621 erwähnt. Ich lernte, dass sich in Ostberlin viele interessante Plätze befanden.

Wenn sich Gabor beim Erzählen im Deutschen verhakte und die Satzstellung durcheinanderbrachte, lachten wir und ich dachte, wie schön es war, auch ohne einen besonderen Grund fröhlich zu sein. Keiner von uns verspürte die sich zuspitzende Dramatik, oder verdrängten wir das Gefühl?

Und dann passierte es: Am vorletzten Abend, wir drei saßen bei ungarischem Wein und Berliner Bier gemütlich bei Kerzenschein auf unserem kleinen Balkon und schauten in die Kastanienzweige, die im Hinterhof bis in den zweiten Stock ragten. Wir plauderten über dies und das und besonders Michael trank und rauchte viel mehr als sonst. Ich spürte ein Aufblitzen in Gabors Augen, wenn er beim Diskutieren zu mir schaute, und ich guckte verschwörerisch zurück, weil ich die gegenseitige Anziehung körperlich spürte, während ich aufgeregt die Muster im Teppich zählte. Darüber nachdenken konnte ich ein anderes Mal, beschloss ich und verschob es erfolgreich. Michael stopfte und rauchte seine Pfeife und war bei seinem Lieblingsthema *Faust II* und der *Walpurgisnacht* angelangt, aber der viele Wein lähmte ihm bald die Zunge.

Ich trug die Gläser in die Küche, wischte noch auf dem Tisch und in der Küche herum und hörte gar nicht damit auf, Gabor half mir dabei. Nachdem wir zu Bett gegangen waren und Michael tief atmete, vernahm ich leise knisternde Geräusche im Flur und spürte, wie mich ein unbestimmtes Verlangen in einen ungewohnten Aufruhr versetzte. Ich überlegte, ob ich aufstehen und nachschauen sollte oder lieber still im Bett verharren. Ich tastete mich in die Diele und da stand mein Ungar im Dunkeln an die Wand gelehnt und griff nach mir im flackernden Licht der Straßenlaterne, die durch die offene Küchentür fiel. Ich nestelte hastig an meinem kurzen Flatterhemd, zum Nachdenken blieb mir keine Zeit.

Die Umarmung glühte nur wenige Minuten. Dann löste sich Gabor von mir und küsste mich ein letztes Mal auf die Schulter. Er seufzte und ich glitt wieder zurück ins Schlafzimmer, hörte noch, wie ein Auto auf der Straße laut quietschend bremste.

Ich blieb lange wach liegen und dachte an ihn. Ich genoss die Dunkelheit, die Stille, den wandernden Lichtschein an den Fenstern, die Magie des Abends. Ich wartete darauf, von Schuld- und Schamgefühlen überflutet zu werden, aber sie stellten sich nur marginal ein. Musste ich mir diese Liebe durch Schuldgefühle zerstören? Ich hörte Michaels' tiefe Atemzüge. Es würde sich für alles eine Lösung finden, hoffte ich beim Hinübergleiten in einen diffusen Wachtraum.

Beim Frühstück am nächsten Morgen erklärte Michael lachend und wie entschuldigend, seine Mutter sage immer, wenn ein anderer

Mann im Haus weile, dürfe ein Ehemann sich nicht betrinken! Das hätte er ja nun gründlich versemmelt.

Wir beiden anderen schauten lächelnd auf unsere Teller und nippten angestrengt am Kaffee. Ich bekam einen Schluckauf, der nicht aufhörte und schaute immerzu auf die Lampe mit dem Klebeband, das müsste man einmal erneuern, dachte ich abwesend. Meine Stimme klang irgendwie falsch, als ich zum Aufbruch mahnte.

Gabor reiste am gleichen Nachmittag, wie vorgesehen, zurück nach Budapest. Wir versicherten uns beide am Bahnhof hastig unserer Liebe, als ich ihn allein dorthin begleitete. Bei Tageslicht besehen, erschien mir unsere Affäre irgendwie unwirklich. Wir würden in unseren Briefen verschlüsselte Botschaften verbergen und uns so bald als möglich wiedersehen.

Der Alltag begann, mich wieder einzufangen. Zuhause ging es nach einem Gläschen Rotwein und einer Zigarette ins große Ehebett. Samstags luden wir Freunde ein oder sahen mit den Schwiegereltern fern. Im August fuhren wir zum Zelten an die Ostsee. Weihnachten besuchten wir meine Mutter.

Meine Kolleginnen und ich begannen, in der Hochschulbibliothek um den Titel *Kollektiv der sozialistischen Arbeit* zu kämpfen. Wir *kämpften* immer in der DDR, um den Frieden, den Sozialismus, und umgaben uns mit revolutionärem Vokabular. Nun also um diesen Titel. Das unternahmen fast alle Werktätigen in der DDR. Da wählte man besondere Arbeitsvorhaben zu Ehren eines Parteitages und nahm sie in Angriff. Wir stellten unter meiner Leitung einen *Bibliotheksführer durch die Hochschulbibliothek* zusammen. Als Auszeichnung durften alle neun Kolleginnen, nach Fertigstellung und feierlicher Verleihung des Titels, drei Tage mit der *Interflug* nach Budapest, dem Kaufparadies des Ostblocks fliegen.

Es war ein Wochenende im August und Gabors Familie weilte zum Urlaub am Balaton-See. Er selbst musste arbeiten. Gabor schloss die Wohnung hinter mir ab, als ich mit der Taxe in der Sandor-Petöfi-Utca ankam. Er umarmte mich und sagte: »Jetzt gehörst du mir!«
Mir lief es ein wenig knisternd über den Rücken. Jetzt wollte ich alles zu einem guten Ende führen. Aber wie stellte ich mir das vor? Ich weiß es heute nicht mehr.

Wir eilten nur zum Lebensmittel Einkaufen aus dem Haus, damit Gabor uns zu Abend ein paar ungarische Spezialitäten kochen konnte. Wir lachten viel und waren auch wieder traurig. Es würde vielleicht kein Happyend geben, aber jetzt – jetzt liebten wir uns und dieses einzigartige Gefühl der Nähe, bei dem wir einen Anflug von einer Art Ewigkeit verspürten, erfüllte uns.

Die Nächte glühten heiß und schwül in Budapest im August. Unsere Umarmungen erschienen mir fordernd und manchmal schon etwas herzzerreißend. Ich spürte, dass die Zeit wie im Flug zerrann. Wir würden beide wieder zurück zu unseren gewohnten Lebensumständen finden, es blieb ja nicht so schön.

Es war eine Liebe, für die es vielleicht einmal keine Verwendung mehr geben würde, dachte ich in manchen flüchtigen Augenblicken pessimistisch, aber sie würde sich wenigstens nie traurig abnutzen.

Ich hörte die Musik aus dem *Holzprinzen* von Bela Bartok, fremd und schwierig, wie auch Gabor selbst. Manchmal stockte die Platte und Gabor musste, unbekleidet wie wir waren, aufspringen und den Saphir neu ansetzen. Abends lasen wir uns gegenseitig Gedichte aus alten deutschen Übersetzungen vor. Es war, als verschmelze meine Identität mit der seinen …

Am letzten Abend rissen wir uns los und wanderten Hand in Hand auf den Gellertberg. Das glitzernde Buda lag in seiner morbiden Schönheit vor uns. Sehr betriebsam und sehr laut dröhnte es zu uns hoch.

»Wolltest du hier mit mir leben?«, fragte mich Gabor zögernd und ganz ungewohnt direkt, mit seiner weichen Stimme.

Ich malte mir eine Existenz in Budapest aus. Letztlich nicht viel anders als in Ostberlin, bis auf die ungarische Sprache, dachte ich auf einmal resigniert. Keine Wohnung, keine Reisen, keine Freiheiten. Gabor, der Träumer?

»Ich glaube nicht«, rutschte es mir heraus.

Ruiniere ich wirklich mein gewohntes Leben in der DDR für ihn?, fragte ich mich und erschrak, dass ich *ruinieren* dachte. Ich erlebte mich oft als unentschlossen oder als zu realistisch. Ich wollte mich doch von Michael trennen! Aber nicht hier und nicht heute. Ich zuckte nur ein wenig mit den Schultern, schaute unbestimmt auf die alte Stadt, zog ihn in meine Arme und weinte ein bisschen.

Gabor begleitete mich im Bus, nachdem wir schweigend gegessen hatten, am späten Abend zum Flughafen *Liszt Ferenc*. Verabschiedet hatten wir uns schon oben in der Wohnung.

Gabor schaute stumm aus dem Busfenster. Auch er resignierte, fühlte ich niedergeschlagen und schaute abwesend auf die Budapester Werbung, viel gekonnter als bei uns in der DDR, wie ich zerstreut bemerkte.

Meine Kolleginnen schauten mich in der Flughafenhalle fragend an.

»Wo warst du eigentlich die Tage? Erzähl doch mal!«

»Bei Brieffreunden, sagte ich euch doch! Da gibt es nicht viel zu berichten. Das ganze Sightseeing-Programm eben!« Ich redete etwas zu kurz angebunden und bekam keine Antwort mehr.

Der Rückflug wurde an diesem schwülen Spätsommertag von Turbulenzen und Gewittern begleitet. Sie passten zu meinen düsteren Gedankenflügen, die nirgendwo Halt fanden. Ich würde diese Tage noch einmal in Gedanken durchleben und dann wohl für immer weglegen müssen.

Michael holte mich vom Flughafen *Schönefeld* ab. In einem blauen Nylonmantel aus dem Westen, im Intershop gekauft, und einem Drei-Tage-Bart. Er sah blass aus und ziemlich schmal. Ich beschrieb ihm belanglose Sehenswürdigkeiten aus Budapest, die wir schon zusammen auf einer früheren Ungarnreise besichtigt hatten. Ich berichtete ihm nicht, dass die Familie im Urlaub am Plattensee weilte.

In dieser Nacht betrank sich Michael einmal mehr. Hinter seiner üblichen Selbstsicherheit ließ sich etwas Gequältes und Beschädigtes erahnen, wie ich es sonst noch nicht an ihm wahrgenommen hatte. Was wusste er und was ahnte er?

Am 2. April 1968, ließ ich mich von Michael scheiden und flüchtete ein Jahr später, schwanger mit Rolf, auf dramatischen Wegen in den Westen.

Bald darauf ließ sich auch Gabor scheiden. Regisseur ist er wohl nicht geworden. Bei den seltenen ungarischen Filmen schaue ich manchmal auf den Abspann, ob ich seinen Namen finde. Mein Kontakt zu ihm ist abgerissen, aber ich werde trotzdem keinen Augenblick aus dieser Zeit vergessen!

Gabors frühere Frau Shara knüpfte mit meiner Schwester Linda, die nun auch von ihrem ersten Mann getrennt lebte, eine Freundschaft. Sie besuchten sich nach unserer *Amour fou* häufig in Berlin und Budapest.

Gabor traf sich einmal mit Linda in Budapest, um sich mit ihr in einem Café zu unterhalten. Er schien noch ernster geworden zu sein. Er lebe jetzt mit seiner Jugendfreundin Elzbeta zusammen, erzählte er, aber ich sei die große Liebe seines Lebens gewesen.

Küchenwarmes Absurdistan

Ich fuhr früh zur Arbeit in die Hochschule für Ökonomie, an der viele junge Leute aus den sogenannten *Entwicklungsländern* die sozialistische Planwirtschaft studierten. Ich wartete an der S-Bahn am Bahnhof *Pankow* meist noch im Dunkeln. Abends stand ich in der *HO* in langen Schlangen an, ergatterte Hackfleisch oder Kotelett und irgendeine Kohlsorte. Wir bereiteten beide gemeinsam das Abendessen zu. Anschließend wusch ich ab, während Michael Pfeife rauchte. Pfeife rauchen fand ich lässig.

Wir sahen im Westfernsehen die *Tagesschau* oder *Beat Club* und *Studio B*, auch eine Musiksendung im *Zweiten*. Mehr Sender gab es außer dem *Deutschen Fernsehfunk* in Adlershof nicht. Den sah aber nun wirklich keiner.

Samstags kochten wir für Freunde, gingen tanzen oder aßen bei den Schwiegereltern zu Abend. Wie viele jungen Leute bestellten wir die Babette-Regale, weiße Leitern mit eingehängten braunen Regalbrettern. Wir mussten drei Jahre darauf warten.

Die Studentenunruhen der 68er in der BRD gingen weitgehend an uns allen vorbei. Im Sozialismus hatten wir das nicht mehr nötig, entschied die Partei. Die alten Nazis agierten nur im Westen, bei uns gab es keine mehr. Der Faschismus war angeblich ausgerottet. Keine Frauenbefreiung an den Unis. Die Gleichberechtigung der Frauen hatte die DDR bereits erledigt!

Vielleicht verloren wir uns ein wenig in unserem *küchenwarmen Absurdistan*, wie einige Freunde es nannten. Michael holte auf der Abendschule sein Abitur nach und brachte die Armee hinter sich. Jetzt studierte er Berufsschulpädagogik. Ich las abends meine vertrauten alten Russen, meine alten Amerikaner und last, not least meine Lieblingsfranzosen, wenn Michael lernte. Andere Bücher, ausgenommen die Schriftsteller des *sozialistischen Realismus*, fand man in den Stadtbibliotheken nicht. Mittlerweile argwöhnte ich, dass es nicht mehr die richtige Literatur für mich war.

Irgendwann war mir die Liebe in diesen ereignislosen jungen Ehejahren abhandengekommen. War es überhaupt Liebe gewesen? Was bedeutete das eigentlich und was erwartete ich von ihr? Ich hatte das angelernte Selbstbewusstsein einer Anfang Zwanzigjährigen. Ich hatte zwar bisher noch keine entscheidenden Fehler gemacht, aber auch noch keine Bäume ausgerissen. Ich erfasste mein Leben mehr oder weniger gefühlsmäßig.

Wir stritten wie andere auch:

Warum hast du den Ofen nicht geheizt?

Weshalb kommst du erst jetzt nach Hause?

Warum hast du nicht eingekauft, es soll Spargel gegeben haben?

Die Motivation die Konflikte fortzuleben war wohl stärker als der Wunsch sie anzugehen.

Der Hochschulfasching fand wieder einmal lange nach Fastnacht statt. Ein paar Kolleginnen und ich wollten es ohne unsere Männer krachen lassen. Ich nähte mir ein Kostüm als *Madam Pompadour* mit tiefem Ausschnitt und bastelte eine weiße Perücke aus Watte und Lametta.

Was genau beim Fasching passieren sollte, weiß ich nicht mehr. Ich tanzte an dem Abend viel, auch mit Karim, einem irakischen Studenten aus Mossul, mit Augen wie Grillkohlen. Der Ausdruck seines Gesichts erschien mir ein wenig abschätzig, aber das fand ich damals interessant.

Meine Kolleginnen verabschiedeten sich gegen Mitternacht von uns und fuhren nach Hause. Eigentlich ergab es keinen Sinn, was ich jetzt tat: Ich ging mit Karim in seine Studentenbude. Ich erschien morgens mit den gleichen Klamotten wie den Tag vorher im Institut.

Dietmar, ein mir zugetaner Kollege, informierte mich leise: »Ich war gestern auch auf dem Fasching. Du solltest dich nicht mit diesem Karim sehen lassen, der hat einen ganz schlechten Ruf in der Hochschule!«

Ich hörte nicht, was er mir mitteilen wollte.

Am Abend, als ich von der Hochschule in die Studentenbude ging, umarmte mich Karim schon an seiner Haustür: »Ich habe dir schicke blaue Hackenschuhe aus Westberlin besorgt.«

Will er sie mir schenken?, überlegte ich erstaunt.

»Sie sind mir zu klein«, wandte ich nach dem Anprobieren vorsichtig ein.

»Nimm sie trotzdem, sie kosten achtzig Ost-Mark«, antwortete er ungerührt und ich schämte mich bereits für ihn.

Gott, was tat ich hier! Endlich setzte mein Verstand wieder ein. Seltsam, wie ein einfacher Tatbestand einem etwas ganz schnell und deutlich klarmachen kann. Ich legte die 80 Mark auf den Tisch, stellte die blauen Schuhe in den Flur, zog die Tür leise hinter mir zu und fuhr zu meiner Schwester nach Pankow.

Die übliche Art der Auslandsstudenten … sie verschafften sich mit ihrem freien Zugang nach Westberlin Geld durch illegale Verkäufe von Westsachen. Karim war also genau so einer. Brauchte ich nur einen irrationalen Affront, um mich aus meinem jetzigen Leben hinauszukatapultieren? Ich fühlte mich beschmutzt und benutzt, obwohl ich es mir ja selbst eingebrockt hatte.

So geht es nicht mit meinem Leben weiter, beschloss ich. *Ich ändere alles! Ich bin da in eine Ehe hineingeschlittert, die ich so gar nicht wollte.* Aber was wollte ich dann?

Ich hatte meine Partnerschaft vor allem auf Ahnungslosigkeit gegründet. Ich hatte Michael auf meine Art geliebt, aber warum hatte ich ihn gleich geheiratet? Ich strebte damals weg von zu Hause –

eine eigene Wohnung, ein selbst bestimmtes Leben. Aber dieser öde Trott konnte doch nicht das richtige Leben sein? Irgendwo war da noch das Bild von einem Prinzen auf einem weißen Pferd …

»Ich reiche die Scheidung ein«, konfrontierte ich Michael am nächsten Abend, als ich zwei Tage später in unsere Wohnung nach Pankow fuhr, aus einem inneren Zwang heraus. Ich war selbst erschrocken von der zerstörenden Kraft meiner Worte und wollte sie schon zurücknehmen.

»Das habe ich erwartet!« Michael war kreidebleich geworden und reagierte mit gepreßter Stimme. Ein gewisser Trotz drängte sich in seine aufkommende Verbitterung: »Aber die Wohnung behalte ich!« Die Grenze seiner Belastbarkeit war für ihn wohl überschritten.

Er schaute blicklos aus dem Fenster.

Dann holte er nach einigen Minuten der Schockstarre seine Reisetasche aus der Armeezeit und ein paar Sachen aus dem Schrank im Schlafzimmer und dem Bad und fuhr ohne ein weiteres Wort mit dem Motorrad, das er laut aufheulen ließ, aus der Garage.

Ein kaltes Gefühl des Alleinseins nahm Besitz von mir. Was hatte ich angerichtet? Erwartete ich etwa, dass er sofort bitten und flehen würde, ich möge nicht gehen? Ich glaube, das tat ich. Michael, der bisher alle Flirts großzügig übersehen hatte, die ich ihm zumutete.

Er fährt nach Hause und erzählt seinen Eltern alles, stellte ich mir vor. *Seine Mutter wird sagen, sie habe so etwas Ähnliches, seit der Sache mit Gabor schon erwartet.* Schon damals war sie im Gegensatz zu Michael sehr misstrauisch gewesen. Sein Vater würde wie immer schweigen und sich ein Bier aufmachen. Michael würde sagen, er habe jetzt genug und er könne auch ohne mich leben. Würden sie so reden? Ich wusste es nicht, aber es kränkte mich bereits im Voraus.

Unsere Wohnung erschien mir auf einmal leer und abweisend. Die Lampen leuchteten mit greifbarer Traurigkeit. Die Möbel standen dröge herum. Die Essensreste in der Küche starrten vor sich hin. Unsere kleine gemütliche Bleibe in Pankow, die ich unter großen Schwierigkeiten besorgt hatte, würde ich verlieren.

Ich legte mich ins Bett, zog die Decke über den Kopf und spürte die Kälte der Situation: Ich hatte alles kaputtgemacht! Wie sollte ich ohne das alles hier leben? Wir kannten uns inzwischen acht lange Jahre, seit unserem 17. Lebensjahr. Michael war mir vertraut. Mir fehlten unsere gemeinsamen Rituale schon jetzt!

Nach sozialistischem Recht gab es zwar nicht *schuldig geschieden*, aber der *Schuldverursacher* zog, wenn keine Kinder da waren, in der Regel aus. Ein vom Staat gelenkter Wohnungsmarkt – das war ein starkes gerichtliches Druckmittel in der DDR, das wusste ich bereits von einer Freundin.

Ich legte *Albinonis Adagio mit Cello* auf den Plattenspieler und fühlte mich vom Leben bestraft. Etwas war in meiner Biografie schiefgegangen. Warum hatte ich mit 21 Jahren geheiratet? Die scheinbaren Gründe hielt ich jetzt für belanglos.

Wie haltlos war ich andererseits, so schnell wieder aus meiner Ehe auszubrechen? War ich, wie man sagte, vom Weg abgekommen und war das nicht wie immer auch eine Chance? Verunsichert starrte ich aus dem Fenster in die Nacht. Ich versuchte, nicht zu weinen, obwohl mir die Augen brannten.

Meine Mutter unkte düster, als ich am nächsten Abend zu ihr fuhr, um ihr alles zu beichten. »Das wird sich rächen, was du Michael angetan hast!«, sagte sie nur. Aber praktisch wie sie war, meinte sie auch: »Aber jetzt musst du erst einmal an dich denken! Du hast dein Leben selbst in die Hand genommen und das ist auch wieder gut.

Du kommst mit mir im Urlaub nach Sotschi auf die Krim! Ich lade dich ein!«

...in die Welt der Singles, dachte ich bitter.

Typisch meine Mutter, sie fuhr so gern mit einer ihrer Töchtern in den Urlaub, um mit ihnen anzugeben.

Zum Jungsein gehörte für mich, alles müsse immer wieder gut werden. Aber würde es das? Ich war doch erst 25 Jahre alt. Ich ahnte, dass mein Leben ab jetzt von einem misslichen Gefühl des Scheiterns erfüllt sein würde. Aber ich hatte mein Leben, wie meine Mutter gesagt hatte, in die eigene Hand genommen. Das erfüllte mich auch wieder mit Zuversicht.

Wir wurden sehr schnell, nach nur vier Wochen, im April 1968 geschieden. Es kostete mich lediglich 350,- Mark. Rechtsanwälte gab es keine.

Es war ein kalter regnerischer Tag. Die großen Äste der Bäume vor dem Gericht bewegten sich wie Gespenster im Wind und klatschten ab und an auf die Scheiben des Gerichtssaals. Mein Schwiegervater war bei der Verhandlung anwesend. Er schaute an mir vorbei. Kein Wort der Besinnung oder des Bedauerns des sonst so klugen Mannes. Erschwerend zu meiner *Schuldverursachung* kam meine Beziehung zu Gabor aus Budapest, die man jetzt aufrollte.

Meine Kolleginnen im Institut fragten mich nicht: »Wie geht's dir, wie konnte das geschehen?«, nur diese üblichen Ratschläge allgemeiner Natur.

Mein Chef wollte mir mit seinen Beziehungen als Rektor der Hochschule eine Studentenwohnung im Internat besorgen: »Überhaupt kein Problem«, versprach er mir, hatte es dann aber bald vergessen und erinnern wollte ich ihn nicht.

Lediglich Dietmar umarmte mich mitfühlend: »Du weißt, ich habe auch ernste Unstimmigkeiten mit meiner Frau«, vertraute er mir an, als ob mich das trösten könnte. Michael erhielt die Wohnung zugesprochen und ich das Bleiberecht, bis ich eine eigene finden würde. Wir wohnten beide noch einige Monate zusammen. Er bezog das Wohnzimmer, ich das kleinere Schlafzimmer. Im Flur, zum gemeinsamen Bad und zur Küche, begegneten wir wechselweise neuen Partnern. *Lange halte ich das nicht aus*, dachte ich genervt und fühlte mich gedemütigt. Ich hätte Michael gern gesagt, dass es eine gute Zeit mit ihm gewesen sei, dass wir vielleicht alle nur unvollkommen lieben konnten und dass mir mein Verhalten leidtat, aber ich brachte es nicht über die Lippen. Wenn ich zurückdenke, standen sich mit Michael und mir plötzlich zwei feindliche Welten gegenüber, wo es vielleicht nur einer Handreichung zur Versöhnung bedurft hätte. Aber vielleicht wollte ich das auch gar nicht sagen oder glaube ich das vielleicht jetzt nur beim Aufschreiben?

Meine vaterlose Jugend und eine große Erwartungshaltung an Michael mochten unter anderem die Ursachen für das frühe Scheitern unserer Beziehung gewesen sein. Sich mit 17 Jahren, wir waren gleichaltrig, aneinanderzubinden, halte ich aus heutiger Sicht für viel zu früh.

So endete unsere Jugendehe.

Jahre später, als ich schon im Westen war, sagte Michael, der als FDJ-Sekretär zufällig im gleichen Betrieb wie der zweite Ehemann meiner Schwester arbeitete, zu ihm: »Die Hühner ...«, – unser ungeliebter Mädchenname war *Huhn* – »... können es nicht vertragen, geliebt zu werden.«

Ich habe ihn nie wiedergesehen.

Im goldenen Westen

Der Zug ratterte über die ausgeleierten Schienen aus Belgrad heraus. Trostlose Industrieanlagen und Plattenbausiedlungen zogen an uns vorüber. Die Anspannung ließ nach.

Erschöpft versanken wir in den dunklen Kunststoffsitzen und kämpften mit den überbordenden Gedanken: Ich hatte meine Jugendfreundinnen, meine Mutter und Schwester in Ostberlin zurückgelassen. Würde ich sie jemals wiedersehen? Sie wussten nichts von unserer Flucht.

Ich war im dritten Monat schwanger und wir hatten vor 14 Tagen in Pankow geheiratet. Rolf saß mir gegenüber und schlief erschöpft, sein sportlich durchtrainierter Körper war zusammengesunken. Ich mochte ihn, auf ihn konnte ich mich verlassen. Ich wurde geliebt, nicht zu meinen Bedingungen, sondern zu den Bedingungen eines anderen Menschen. Entscheidend war für mich aber, dass er etwas ganz Grundlegendes von mir verstand, ohne dass ich viele Erklärungen abgeben muss.

Er war geschieden, so wie ich, und ließ seinen fünfjährigen Sohn Thomas in Ostberlin zurück, den er auf gerichtliche Anordnung vorläufig nicht sehen durfte. Er war so unglaublich optimistisch. Er wusste, dass er den Kleinen irgendwie, irgendwo bald wiedersehen und herüberholen würde.

Wenn sie uns bei der Flucht über die Donau aufgegriffen hätten, dachte ich nun erschauernd, *wenn ich im Frauengefängnis Hohenschönhausen eingeliefert worden wäre, wenn mein Baby zur Adoption freigegeben worden wäre ...*

Ich beruhigte mich und meine klopfenden Schläfen. Wir würden meine ältere Schwester in München überraschen. Sie flüchtete kurz nach dem Mauerbau durch die Kanalisation von Ostberlin in den

Westteil. Sie träumt heute noch, nicht den richtigen Gullideckel zum Hinausklettern zu finden.

Welche Albträume werde ich haben? Mit dem Ertrinken zu kämpfen? Würde ich Schüsse der rumänischen Grenzer hören?

Ich hatte meine Schwester sieben lange Jahre nicht gesehen, was wussten wir noch voneinander? Die schmale ältere Schwester, die nur Augen für ihren Freund hatte? Wie würden uns die Menschen in München empfangen? Wie fühlte sich der Alltag dort an?

»Mitkommen!«

Ich zuckte zusammen. Nein, nein, meine Fantasie ging mit mir durch. Der jugoslawische Zöllner schaute mir aufmerksam ins Gesicht. »Passports please«, sagte er zum zweiten Mal. Das Passbild aus der DDR, billigstes Papier, erschien ihm nicht sehr ähnlich.

Irgendwann durchquerte der Zug Österreich und ich atmete auf. Blaugraue Bergketten, enge Täler, breite Flüsse und ein helles Grün breiteten sich im Morgenlicht vor uns aus. Wolkenballen hangelten vor den dunkel bewaldeten Bergspitzen. Die Sonne sendete erste vereinzelte Strahlen, wie mit dem Lineal gezogen, zur Erde.

Ein paar Tage später fuhren wir mit der Bahn ins zentrale *Notaufnahmelager Gießen*. Nur wenige DDR-Flüchtlinge befanden sich dort. Die Grenzen waren vollständig abgeriegelt.

Der amerikanische Geheimdienst nahm mich beiseite: Sie sprachen die gesamte Zeit Englisch miteinander und schauten gelangweilt auf ihre polierten Schuhspitzen. Sie wussten, dass ich in Ostberlin beim Rektor der *roten* Hochschule für Ökonomie gearbeitet hatte. Unfreundliche Stimmung, als ich mitteilte, nichts von den Kontakten zum Zentralkomitee der SED gewusst zu haben. Die CIA war nicht schlechter informiert als die NSA heute.

Weiterleitung von Gießen auf unseren Wunsch nach Geretsried, ins Aufnahmelager für Bayern. Hier auch kahle Baracken und unfreundliche Bürokratie. Ein Zimmer mit Bett, Stuhl, Tisch und die mollige Ordensschwester Magdalena.

Sie sorgte sich um mein Baby:»Das können Sie Ihrem Kindchen nicht zumuten!«, sagte sie wiederholt und umarmte mich mütterlich. Da flossen bei mir endlich die Tränen. Hatte ich alles richtig gemacht? Wie verkraftete mein Baby all die Strapazen?

Wir wohnten in der Wohnung meiner Schwester, deren Mann arbeitete bei der Post und wurde gerade nach Hamburg versetzt. Die Miete für die Dienstwohnung bezahlte die Post bis zum Ende des Jahres.

»Is Eahna Moa do?«

»Wie bitte?« Ich überlege verwirrt: *Moa*, welcher Mohr?

»Eahna Maann.« Die Nachbarin dehnte die Worte, als wenn sie zu einem Kind spricht. Sie gab mir ein Einschreiben vom Flüchtlingsamt. Das Einschreiben war adressiert an den Ehemann.

Mit dem *Flüchtlingsausweis C* würden wir eine Sozialwohnung in Neuperlach und gewisse Steuererleichterungen bekommen. *C,* das war wie heute der Ausweis für *politische* Flüchtlinge. Anerkannten sie uns? Die gleiche Frage stellten sich alle Flüchtlinge dieser Welt. Der Brief beinhaltete jedenfalls eine Ablehnung.

Die nächste Schlappe erlitt ich beim Arbeitsamt in der Kapuziner Straße:»Leider ist Ihr Studium als wissenschaftliche Bibliothekarin bei uns nicht anerkannt. Wenn Sie nicht schwanger wären, könnte ich Sie als bibliothekarische Hilfskraft vermitteln«, überlegte die Mitarbeiterin.»Also dann: Ohne Arbeit!« Sie stempelte es auf meine Karte.

»Was, ich soll arbeitslos geschrieben werden und sechs Monate bis zur Geburt des Kindes herumsitzen?« Ich sagte es lauter als nötig. »Wir sind mit den Kleidern, die wir auf dem Leib trugen, hierher geflüchtet, wir brauchen Arbeit, keine Almosen!«

»Wir haben Sie nicht gebeten, herüberzukommen.« Die Beamtin hob kühl ihre Augenbrauen. Sie lispelte ein wenig.

Ich fühlte einen Faustschlag in die Magengrube. Mich brauchte hier keiner! Glaubte ich, hier angekommen zu sein? Das Gerede von den *armen Brüdern und Schwestern im Osten*, denen man helfen würde, wenn man nur könnte – wie erwartet aufgesetzt!

Ich werde selbst mit den großen Fachbibliotheken telefonieren und nach einem Job fragen, dachte ich nach einer Weile, schon wieder optimistischer.

Ich umging den Öffentlichen Dienst mit seinen beamtenrechtlichen Vorschriften und rief, als ich zu Hause eintraf, als Erstes bei der Firma *Siemens* an. In der Patentbibliothek am Wittelsbacher Platz suchten sie, oh Wunder, eine Diplom-Bibliothekarin für die Aufbereitung der Karteikarten. Sie bereiten den geplanten Einsatz der EDV vor. Herr Frenzel, der Leiter der Patentbibliothek, ein fröhlicher junger Familienvater, Vertriebener aus dem Sudetenland, stellte mich trotz Schwangerschaft und Anerkennungsproblematik ein.

Rolf arbeitete bereits seit Anfang Juli als Bauleiter und übernahm den Bau der olympischen Kirche im olympischen Dorf. (Darauf wird er sein Leben lang stolz sein.)

Kamen meine Schwester und mein Schwager am Wochenende aus Hamburg, rief mein Schwager: »Lets go! Nach Schwabing zum Tanzen!«

Ist mein Bauch nicht schon zu dick?, überlegte ich, aber dann schob ich alle Bedenken beiseite und wir fuhren ins *Käuzchen* am Feilitzschplatz und tanzten wie die Derwische. Vorher aßen wir im *Bologna* unser neues Lieblingsgericht *Pizza*. Manchmal leisteten wir uns Karten für die *Lach- und Schießgesellschaft* von Samy Drechsel.

Wir beschlossen, dass ich die Fahrerlaubnis erlangen sollte. Ich wollte unseren alten VW-Käfer selbst fahren. Schaffte ich das vor der Entbindung noch? Unternahm ich nicht viel zu viel und würde enttäuscht sein, wenn ich es nicht schaffte? Aber mit einem Kleinkind auf dem Rücksitz Fahrstunden machen würde erst recht nicht funktionieren.

Ich schlich mich nun mittags aus der Siemenszentrale am Wittelsbacher Platz zur Fahrschule. Herr Hartdegen, ein properer Patentanwalt aus dem Banat, Stoppelbürste und wohlgenährt, saß in meinem Zimmer und prüfte die neuen Siemenspatente. Er schwindelte für mich am Telefon:»Harrtdegen hier«, schnarrte er«, Frrau Schulz ist in der Mittagspause.« Kam ich deprimiert aus der Fahrstunde, lief er zum schicken *Café Leopold* um die Ecke und kaufte für uns beide Erdbeertorte.»Wir Flüchtlinge müssen zusammenhalten« erklärte er mir. Das schlechte Gewissen plagte mich aber doch. Hinterging ich nicht die Gutwilligkeit von meinem Chef, der mich so unkonventionell eingestellt hatte?

Mein Fahrlehrer, ein kleiner älterer Herr mit straff nach hinten gekämmten Haaren und kahlen Gesichtszügen, war bekennendes Mitglied der NPD:»Na, und was wählen wir am 28. September 69?«,dozierte er, da war nämlich Bundestagswahl.»Sie, vom Kommunismus geschädigt, wählen sicher die rechte Alternative?«

Ich druckste herum. Mutig genug»Nein, ich wähle SPD«, zu sagen, war ich nicht. Das war nun die Kehrseite der bundesdeutschen Freiheit, empfand ich betreten. Ich nahm mir fest vor, mich beim nächsten Mal nicht mehr um des Vorteils willen zu verleugnen.

Mein Bauch passte bei der Fahrprüfung, im achten Monat, kaum hinter das Steuerrad. Der Prüfer im Fond, ein freundlicher Herr im mittleren Alter, schaute milde auf meine Fülle: »Nun parken wir mal rückwärts ein«, forderte er mich väterlich auf.

Nach dem dritten Versuch stand ich mächtig schräg und er fragte geduldig: »Und wo ist die Lichtmaschine?«

Das hatte ich nun total vergessen und stotterte herum.

»Na, das haben wir ja gerade noch geschafft«, sagte er, ohne auf meine Fehler einzugehen, und stempelte die ersehnte Fahrerlaubnis ab. Ich konnte es kaum fassen. Geschafft! So erleichtert fühlte ich mich nur wenige Male in meinem Leben.

Auf dem heute noch gültigen Führerschein steht nach 45 Jahren als polizeilich gemeldete Adresse: *Geretsried, Lager 7/23.* Bei den seltenen Fahrzeugkontrollen schauen mich die Polizisten durchdringend an: *Was war das denn für ein Lager?*

Was nicht eintraf, war der *Flüchtlingsausweis C.* Wir traten nun auf Anraten in den *Flüchtlingsverband der Vertriebenen* ein. Im Antrag musste man die Gefahr für Leib und Leben in der DDR nachweisen, um auszuschließen, dass wir Wirtschaftsflüchtlinge seien, klärte uns der Rechtsanwalt vom Verein auf.

Rolf war mit einer ganzen Reihe von renitenten Aufmüpfigkeiten schon in Oberschulzeiten aufgefallen. Auf seinem Abi Zeugnis steht heute noch die für eine DDR-Karriere vernichtende Beurteilung: *politisch unzuverlässig!* Rolf durfte, obwohl ein Arbeiterkind, vorerst nicht Bauwesen an der TH-Dresden studieren. Er schuftete ein Jahr zur Bewährung, zusammen mit jugendlichen Straftätern, im berüchtigten *Trattendorf.* Im Jahr des *Prager Frühlings,* 1968, begeisterte uns die neue, ansatzweise demokratische Politik von Dubcek. Die Sympathie mit dem *Prager Frühling* kostete Rolf den Arbeitsplatz. Man drohte mit weiteren Disziplinierungen.

Vom Anwalt in den geforderten Formulierungen aufgesetzt, erhielten wir in zweiter Instanz die Anerkennung als politische Flüchtlinge und die Sozialwohnung in der neuen Trabantenstadt Neuperlach. Sie lag in der Einflugschneise des Münchner Flughafens *Riem*, das störte uns aber nicht.

Am 23. Dezember 69 schleppte Rolf mich zum VW-Käfer und sauste ins *Klinikum Rechts der Isar*. Am Heiligabend, gegen vier Uhr früh, erblickte der kleine Christian das Licht der Welt. Väter waren beim Entbindungsvorgang noch verpönt.

Am Morgen des Heiligabends legten sie mir mein Baby zum Stillen an. Dieses rote gestresste Gesichtchen, dick eingemummelt, war *mein* Kind, in meiner Verantwortung, eingebunden in meine Liebe.

»Du wirst ohne sozialistische Parolen aufwachsen und sollst dich nicht verbiegen müssen«, flüsterte ich ihm in sein kleines Ohr. Die Schwestern nannten ihn *unser Christkindl*. Er wurde in der Kapelle des Klinikums getauft.

»Wir machen uns unsere Verwandten selber«, sagte ich zu Rolf und dann mussten wir unter Tränen lachen.

Tante Ilse, Muttis Schwester, verheiratet im Burgenland, reiste vier Monate später an, um mit Christian eine Woche zu kuscheln und ihm Fläschchen und Windeln zu verpassen, denn wir holten unsere verspätete Hochzeitsreise nach.

Wir schafften es über Cortina d'Ampezzo, bis in unsere Stadt der Träume: Venedig. Ein allererster Cappuccino auf dem Markusplatz; die Gondoliere lockten uns: Eine Fahrt auf dem *Canale Grande* kostete umgerechnet 100 DM! Unvorstellbar viel Geld für uns. Wir streiften noch Florenz, stürmten durch ein paar Museen und dann eilten wir, voll des Glücks, zurück nach München.

Einmal sagte Rolf an einem freien Samstag: »Geh doch mal alleine in die Stadt und kauf dir was richtig Schönes! Ich passe auf den Kleinen auf!«

Ich fuhr mit der Straßenbahn von Neuperlach bis in die Kaufinger Straße zu *C&A*. Ein erster Kaufrausch überrollte mich. Ich probierte viele Kleider, sehr chic, für mich aber zu teuer.

Dann entdeckte ich ein oranges Wollkleid, mit kurzen Ärmeln, durchgeknöpft und auf Taille. Es kostete 78 DM. Das musste ich haben! Aber es war unerschwinglich. Von einer heißen Gier überflutet, tauschte ich kurzerhand die Preisschilder in der Umkleidekabine um, ein billiges Schildchen von einem einfachen Kleid gegen meins, und ging damit zur Kasse. Die Kassiererin stutzte und rief ihren Chef.

Wie konnte ich nur annehmen, dass das keiner bemerkt! Wie naiv war ich denn? Ich wollte weglaufen, aber meine Beine klebten am Boden und so stand ich und wartete auf meine Hinrichtung.

Der junge Abteilungsleiter eilte herbei und bedeutete mir mit gedämpfter Stimme: »Kommen Sie mal mit!«

Ich folgte ihm in eine kleine Kammer, in der lauter Ware herumlag. Ich zitterte in den Knien. Wie schnell das einen überfällt, das Zittern.

Bei meiner Scheidung vor zwei Jahren in der DDR hatte ich gelernt: Man muss im Zweifelsfall immer leugnen. Damals habe ich alles zugegeben und bin mit Wohnungsentzug bestraft worden. Also stritt ich heute alles ab: »Nein, ich habe die Preisschilder nicht ausgetauscht! Nein, nein, nein!«

Der Mann glaubte mir natürlich nicht und verlangte meine Personalien. »Was«, sagte er, »Sie sind Diplom-Bibliothekarin? Das haben Sie doch gar nicht nötig!«

Mein Mund war trocken und mein Herz raste. Ich war zu stolz und zu feige, ihm zu beichten, dass ich aus der DDR kam und es mich einfach übermannt hatte, nicht immer den billigen Ramsch kaufen zu müssen.

Zum Schluss äußerte er genervt ob meiner Verleugnung:»Okay, Sie können gehen, aber Sie haben Hausverbot bei C&A.«

Das Kleid bezahlte ich daraufhin trotzig mit dem vollen Preis an der Kasse.

Ich fuhr niedergeschlagen nach Hause. Lange Stunden berichtete ich es Rolf nicht vor lauter Scham.

«Was hast du denn? Warum bist du so durcheinander? Das Kleid sieht doch toll aus. Bisschen teuer, aber wir sollten uns auch mal etwas Anspruchsvolleres leisten«, meinte er.

Da platzte es aus mir heraus und ich erzählte ihm alles.

Er sagte wenig dazu, nur das:»Der Kapitalismus ist gnadenlos, wenn es ums Geld geht!«

Das rechnete ich ihm hoch an. Ich umarmte ihn schweigend. Das orangene Wollkleid habe ich trotzdem geliebt und viel getragen. Anfangs mit einem unbestimmten Schuldgefühl.

Gelegenheit zum Geldausgeben hatte ich nur noch selten. Ich blieb bei meinem Baby zu Hause. Bezahlbare Kinderkrippen gab es nicht in München, das war in der DDR anders gewesen. Alle jungen Mütter gingen dort arbeiten.

Ich verdiente in Heimarbeit etwas als Korrekturleserin eines Verlags. Abends fuhr ich oft, wenn Rolf zu Hause war, mit dem Käfer in einen Vorort von München. Herr Bittermann, der bayerische Cheflektor, etwa vierzig, rotblond und ein helles jungenhaftes Gesicht, freute sich, mit mir zu fachsimpeln. Manchmal vermutete ich, er flirtete ein bisschen, aber ich tat brav, als wenn ich es nicht bemerkte.

Einmal flog ich für den Verlag nach Westberlin, um einem Autoren gut zuzureden, sein Manuskript zügig zu beenden. Es war mein erster innerdeutscher Flug, mit der *Pan Am*. Als Flüchtling mit der Bahn durch die DDR zu fahren, war viel zu gefährlich. Die Amnestie für DDR-Flüchtlinge hatte die Brandt Regierung noch nicht ausgehandelt, und so schlenderte ich nur in Westberlin am Ku'damm herum und schaute am Brandenburger Tor, von der anderen Seite, wehmütig über die Mauer. Wann würde ich meine Mutter und meine Schwester und all die anderen wiedersehen?

Zugereiste

Ich flitzte im knappen Tennisdress in der sonntäglichen Mittagshitze hin und her, um die unregelmäßig hervorschießenden Bälle zu erwischen. Die Ballmaschine machte heute mit mir was sie wollte. Ich hatte gerade erst angefangen, Tennis zu spielen. Meine Bewegungen waren noch ungelenk und mein Ballgefühl ließ zu wünschen übrig, sportlich war ich sowieso noch nie gewesen.

Der Besitzer der privaten Tennisanlage in Furth bei München war der Typ *bayrischer Grantler*. Er duldete uns als neue gut zahlende Mitglieder. Interessiert war er aber nur an seiner wohlhabenderen Klientel. Lautes Lachen klang von der Terrasse herüber auf den Platz. Die illustre Tennisgesellschaft beschloss gerade, woanders zu Mittag zu speisen und weiterzufeiern. Die Tennisfreunde sortierten sich schnell in ihre dicken Mercedes' und offenen Sportwagen und auf ging's zum *Forsthaus Wörnbrunn*. Diese Münchner Schicki-Micki-Gesellschaft waren: ein Münchner Promi-Zahnarzt mit seiner sozial angehauchten Partnerin, ein Waschmittelgroßhändler, elegant und in offener Ehe lebend, zwei dicke niederbayrische Brüder mit einer Firma für Bodenbeläge, trinkfest und geschäftstüchtig mit ihren aufgebrezelten Frauen.

»Los«, sagte Rolf, »wir fahren heute auch mal mit. Mal sehen, was die so treiben.«

Nach dem üppigen Essen, wir waren alle von den wohlhabenden Teppichgroßhändlern eingeladen, luden diese alle Tennisfreunde in ihre riesige Villa ein. Es wurde schon am helllichten Tag gebechert und gefeiert. Die Damen unterhielten sich über die neuesten Modetrends im Zusammenhang mit der anstehenden Radtour der Gruppe. Die Herren unterzogen die letzten großen Tennisturniere einer fachmännischen Prüfung.

Nach den vielen Drinks rückten mir dann die niederbayrischen Brüder ein wenig auf die Pelle: »Geh weida, so a scheens Madl!« Ich lief zu meinem Sprössling, der gerade im Planschbecken herumspritzte.

An ihrer freundschaftlichen Gemeinschaft ließen die Tennisfreunde uns nur bedingt teilhaben und wir überlegten, ob wir uns das leisten konnten oder auch wirklich wollten. Woran lag es, dass die Kontakte insgesamt noch nicht klappten? Wir waren nicht wie unser Münchner Umfeld, wir hatten nicht die gleichen Filme gesehen, die gleichen Bücher gelesen, die gleichen Reisen gemacht.

Als der Champagner floß, verließen wir die Gesellschaft lieber. Das waren wohl doch nicht die jungen Leute, die wir zu unseren neuen Freunden erkiesen wollten. Sie begegneten uns wohlwollend, aber doch ein wenig von oben herab:

»Junge strebsame Leute aus der DDR, man weiß ja, wie das dort so zugeht!«

»Und natürlich keinen, der auf das plärrende Kind aufpasst!«, vervollständigte der Chef der Anlage gut hörbar, als unser Kleiner lauthals am anderen Tag in der Sandkiste brüllte und sein Sonnenhütchen in hohem Bogen in den Pool flog.

Unsere Omas, die auf den Kleinen hätten mal aufpassen können, lebten in der DDR. Wann würden wir sie wiedersehen?

Im drauffolgenden Winter, November 1972, wurde die Mauer völlig überraschend durchlässiger. Die Regierung Brandt und der SPD-Unterhändler Egon Bahr erkauften mit der Zahlung von hohen Krediten an die DDR eine Amnestie für uns Flüchtlinge und eine Besuchsmöglichkeit für alle Westdeutschen und Westberliner.

Plötzlich konnten wir ungestraft unter Ableistung hoher Umtauschsätze in Ostberlin einreisen! (Für die DDR mussten unsere Verwandten sechs Wochen vorher ein Besuchs-Visum einreichen.)

Gleich am nächsten Wochenende, der dichte Novembernebel lag über Berlin, standen wir in langen Schlangen am Übergang *Checkpoint Charly* in der Friedrichstraße.

Mein Herz klopfte brutal. Hielten *die* sich an politische Vereinbarungen mit dem Westen? Warum tat ich mir *das* an? *Wie immer unbelehrbar*, warf ich mir vor. Hatte ich die Lebensgefahr bei unserer Flucht vor drei Jahren schon vergessen? *Nur schnell weg hier!*

»Dreißig Mark pro Person!«, erinnerte mich die picklige Polizistin an einem der vielen Schalter uninteressiert. Sie tauschte es eins zu eins in Ostmark.

Der Zoll durchsuchte uns einzeln in schalldichten, grell ausgeleuchteten Kabinen und tastete alle Körperteile ab. Christian weinte. Unsere Ängste übertrugen sich auf ihn. »Nu, nu«, brummte ein dicker Uniformierter ungelenk in schönstem Sächsisch, »wirste ma schee brav sein?«

Wir erhielten tatsächlich ein Tagesvisum für Ostberlin. Mein Herz klopfte wieder normal. Devisen erschienen der DDR einträglicher als ihre sozialistische Gesinnung. Ich hätte es wissen müssen!

Die flotte Omi Gerdi, die rundliche gemütliche Omi Käthi, der kleine streng gescheitelte Opa Kurti, meine schöne Schwester Linda, der neunjährige schüchterne Bruder Thomas sowie der lustige Cousin Hendrik – die *neuen* Verwandten bestaunten unseren wortgewandten kleinen Christian.

»Was ist denn des für eine Schinterkisten«, fragte er im besten Kita-Bayrisch, als der Trabbi seiner Tante uns zum Abholen erwartete.

Endlich wieder zu Hause!

Aber wie grau und trist alles jetzt für mich ausschaute. Und es schien auch nicht mehr mein *Zuhause* zu sein.

»Wie redest du denn«, sagte meine Schwester manchmal tadelnd, »wie ein Wessi!«

Beneidete sie mich? Sie lebte so, wie ich gelebt hätte, wenn ich in Ostberlin geblieben wäre. Man kann sagen, sie lebte mein Leben.

»Eine muss doch bei Mutti bleiben«, meinte sie.

Das stimmte natürlich, aber war das der einzige Grund? Mutti konnte ja bald als Rentnerin in den Westen übersiedeln.

Ich konnte meine Familie jetzt wieder in Ostberlin besuchen, was wollte ich mehr?

Ich brannte inzwischen darauf, endlich wieder zu arbeiten. Ich wollte nicht nur ein Muttidasein mit meinem lebhaften Sohn auf dem Spielplatz führen und mit den anderen Müttern ratschen, was wir wohl heute kochen könnten. Ich wollte endlich am Münchner Arbeitsleben teilhaben, neue Freundinnen kennenlernen, selbst Geld verdienen!

Das *Ingenieurbüro Hecht* in München suchte per Annonce in der *Süddeutschen* eine Dokumentarin. Hecht war ein alter knorriger Herr, ein renommierter Bauingenieur schon in der NS-Zeit. Er plante und baute jetzt Autostraßen nach Mossul und Bagdad. Ich notierte irritiert: *Diese alten NS-Unternehmer haben noch viel Einfluss auf die BRD.*

Ein Hecht-Sohn probte manchmal erfolglos den Aufstand gegen seinen alten Herrn – nicht dass er die NS-Gefolgschaft seines Vaters kritisch hinterfragt hätte.

Mich nannten sie die *Donauschwimmerin*, nachdem ich ihnen bei der Einstellung von unserer Fluchtroute über die Donau erzählen musste.

Ich stellte um sieben Uhr früh für sie die Presseschau zusammen, die sie bei Eintreffen studierten. Die Firma wurde wegen ihrer Projekte für die arabischen Ölscheichs oft von engagierten Journalisten in den Medien gescholten.

Die gut ausgebildeten Chefsekretärinnen des Vorstands, neben denen ich meine kleine Fachbibliothek verwaltete, beäugten mich kühl und kritisch und stellten mir hier und da eine Falle, zum Beispiel im Englischen, das ich nur mangelhaft in der DDR erlernt hatte.

Es fiel mir auch hier wieder nicht leicht, den Anschluss an die jungen westdeutschen Frauen zu finden. Lag es an meiner vertrauensseligen DDR-Art, mit der ich ihnen begegnete? Sie hatten eigene Häuser, gut verdienende Männer und selten Kinder. Ihr Bekleidungsetat war vermutlich dreimal so hoch wie meiner.

Im Laufe des Tages schlich ich mich zwei Stockwerke tiefer in den Firmenkindergarten, beobachtete meinen Sohn beim Spielen und ratschte mit der energischen Münchner Erzieherin, die nur einige wenige Kinder betreute. Dieser Kindergarten war vorbildlich von dem sozialen Friedrich Jahn eingerichtet worden. *Hendl-Jahn* residierte mit seiner *Wienerwald*-Zentrale im gleichen Gebäude.

Immer mehr verheiratete, gut ausgebildete Frauen, drängten in den 70er-Jahren auf den bundesdeutschen Arbeitsmarkt. Öffentliche *Kitas* existierten allerdings fast gar keine. Einige *antiautoritäre Kinderläden* wurden gegründet, aber sie setzten sich mit ihrem Konzept nicht wirklich durch.

Mein Gehalt landete sofort auf einem Bausparvertrag. Wir lebten sparsam. Wir hatten einen Traum: München sollte unsere neue Heimat werden! Hier wollten wir uns ein Haus bauen und für immer bleiben. Hier würde Christian im Garten auf Apfelbäume klettern, der Salat am Haus wachsen und vielleicht noch ein Kind dazukommen.

Wir kümmerten uns engagiert um ein Grundstück, ohne viel Eigenkapital oder geerbten Baugrund, wie andere Gleichaltrige. »Ihr beide, vor kurzem noch DDR-Flüchtlinge, habt ein Kind und seid in der Lage schon zu bauen?«, wunderten sich Freunde und Verwandte.

»Jetzt gerade!«, dachten wir.

In dem kleinen verschlafenen Ort Hofolding gab es einen reichen Gastwirt, dem das halbe Dorf gehörte. Von dem kauften wir schließlich unseren Baugrund.

Rolf skizzierte, zeichnete Bebauungspläne, verteidigte mutige Ideen vor dem Landratsamt und entschied über den Einsatz von Holz, Naturstein und Fliesen. Er wollte selbst gestalten können, das ist bis heute seine Leidenschaft. Für mich bedeutete das erst einmal einen großen persönlichen Arbeitseinsatz und hohe Schulden.

Jedes Wochenende holten wir unsere Bauarbeiter: die robusten Brüder Johann und Miroslav aus dem Montenegro, die kaum Deutsch sprachen, und den begabten Schreiner Herrn Gori aus Florenz, der es schon ausgezeichnet sprach. Um sieben Uhr früh wartete ich mit unserem roten *Opel Rekord* vor dem heruntergekommenen Arbeiterwohnheim in Schwabing und wir fuhren alle auf unsere Baustelle. Dort betonierten wir, schleppten Steine und mischten Mörtel.

Manchmal stand die Polizei vor dem Rohbau, denn wir hämmerten sonntags zu laut oder sägten mit der Bandsäge und holten die verärgerten Nachbarn samstags um acht Uhr aus dem Schlaf. Aber zum Schluss feierten wir alle gemeinsam Richtfest.

Christian wollte in unserem Dorf mit seinen neuen Spielkameraden eingeschult werden. Ende August 1976 zogen wir auf den Dachboden unseres halb fertigen Hauses. Wir kletterten die Fallleiter hinauf, schliefen neben Dachziegeln und Dichtungsrollen auf Feldbetten.

Rolf konstruierte eine offene Dachkonstruktion, damals angesagt: einen fünf Meter hohen Raum mit sichtbaren Dachsparren und Holzverschalung.

»Sieht hier aus wie in der Kirche«, rief der Postbote begeistert. An den Wochentagen, nach der Arbeit, wühlte Rolf wie ein Maulwurf im Garten und pflanzte Obstbäumchen, Rosen und Bodendecker.

Zu Weihnachten besuchten uns endlich die zwei Omas, angereist mit einem Rentnervisum aus der DDR, hockten am Kamin und sangen mit uns Weihnachtslieder unter der Nordmanntanne, an der rote Äpfel und bayerische Strohsterne baumelten.

Im drauffolgenden Sommer, als wir schon unser Schwimmbecken ausgehoben hatten, fragten wir uns keck, ob wir nicht mal wieder Tennis spielen könnten – während der Bauzeit war das finanziell nicht einzurichten gewesen.
Die Zeit des Tennisbooms im Breitensport war angebrochen.
Nach der Arbeit packten wir schnell unsere Tennistaschen und radelten zum Hofoldinger Tennisplatz. Rolf, der den Übungsleiterschein absolviert hatte, trainierte mit Christian und den Hofoldinger Buben. Samstags fuhren wir mit ihnen zu den Punktspielen in die oberbayerischen Dörfer. Schnell stiegen die Jungen in die höchste Kreisklasse auf.
Eigentlich tranken die Hofoldinger lieber Bier, als ehrgeizig dem Ball hinterher zu jagen. *Topspin* lernen, das wäre ja noch schöner, und die Kinder am Wochenende über Land fahren: *Wo kommen wir denn da hin?* Doch irgendwann ließen sie sich letztlich auch dazu überreden.
Ich feierte ganz gern auf der Tennisanlage, passte mich langsam an die bayerische Mentalität an und knüpfte freundschaftliche Kontakte zu jungen Hofoldinger Tennisfrauen.
Ich spielte inzwischen richtig gut Tennis, hatte es mit unverminderter Leidenschaft gelernt. Ich war von einem unsportlichen Mädchen

zu einer begehrten Spielpartnerin geworden. Das hatte ich bis dahin für unmöglich gehalten. Ich schaffte es, wieder einmal, wenn ich es wirklich anpackte. Das gab mir ein gutes, selbstbewusstes Gefühl.

Vor der Bundestagswahl 1977 flog plötzlich ein Sperrholzständer mit einem Wahlplakat der KPD in unseren neuen Vorgarten. Was die, die uns den hineingeworfen hatten, sich so Ungereimtes denken mochten? Einmal DDR – immer DDR?

Ein heißer Tag, der 7. August 1980: Rolfs 40. Geburtstag.
Der bayerische Himmel war weiß-blau, ein sanfter Wind wehte. Es duftete nach Heu. Die Honoratioren des Dörfchen Hofolding fuhren vor, auch einige respektable Münchner Baulöwen sowie Nachbarn, die wissen wollten, wen sie da morgens grüßten, neue Freunde und die angereiste Verwandtschaft. Sie alle belagerten den Garten unseres betonfrischen Bungalows. Einige Gäste begutachteten fachmännisch den handbetonierten Swimmingpool: »Respekt!«
Brauereibänke und -tische standen in Reih und Glied. Das Fassbier schwamm zum Kühlen im Schwimmbecken herum. Nudelsalate und braun gebrannte *Fleischpflanzl,* wie man die Frikadellen in Bayern nennt, glänzten auf dem Buffet. Wein und Sekt warteten auf den Korkenzieher. Und alle zusammen erwarteten das Geburtstagskind. – Ja, wo blieb es denn?
Ein beleibter Nachbar, ein Metzgermeister, der morgens vertraulich quer über die Straße »Griaß di, Frau Schulz«, rief, drehte heute ein *Spofake,* ein Spanferkel am Spieß. »Nein, so ein nettes Wort«, fand unsere Wittenberger Omi.
Lampions und Girlanden baumelten fröhlich an den noch kümmerlichen Obstbäumchen. Die Hausfrau verteilte nervös, mit hochrotem Kopf, Küsschen rechts und Küsschen links. Blumengebinde und

Aufmerksamkeiten verschwanden unter »Ah!« und »Oh!« auf einem abseitigen Bänkchen.

Aber wo blieb denn der Herr des Hauses? Und nun machte es die Runde: Der Jubilar weilte mit dem Sohn noch auf dem Tennisplatz! »Herrschaftzeiten!«

Die Gäste traten von einem Fuß auf den anderen, schauten auf das in der Sonne dahinschmelzende Buffet, versorgten sich vor der einsetzenden schlechten Laune mit ein paar Gläschen Hochprozentigem und rauchten die eine oder andere. Die Tonbandanlage schmetterte einen Hit des Jahres 1980: *It's a real good feeling ...*

Immer noch 30 Grad, wenn man bloß schon etwas im Magen hätte! »Jetzt wär ein kühles Bier recht!« Der Sekt war nun wohl warm. Man erwog hinter vorgehaltener Hand, ob es ein *Derblecken* sein könnte? Freunde und Verwandte aber kannten ihren chronisch unpünktlichen Pappenheimer!

Das bodenlange *Reinseidene* der Hausfrau zierten landkartengroße Schweißflecken. Undeutlich murmelte sie etwas von *viel Training für ein anstehendes Tennisturnier ...*

Da raste ein roter *Opel Rekord* durch Hofolding. Herein stürmte unser Held, streng duftend, den zehnjährigen Sohn im Schlepptau: »Schön, dass ihr mir heute die Ehre gebt«, rief er strahlend in die Runde und knuffte die Hausfrau in die Rippen. »Ist was? Jetzt lach doch mal!«

Das Ploppen vorgewärmter Sektkorken hallte über die stillen Gärten der Siedlung.

»Sie kapieren dich hier nicht«, zischte ich.

»Sie kapieren hier gar nichts«, flüsterte Rolf lachend und alles schien wieder wie immer zu passen.

Omi Käthi, aus der DDR angereist, murmelte nur: »Aber Rolli!« Mehr Kritik verpasste sie ihrem Ältesten nicht.

Das Buffet wurde verputzt, als ob es kein Vorher gegeben hätte und auf der Terrasse des Hauses hoben die Honoratioren und Baugrößen nebst ihren Gattinnen das Tanzbein zu *Sun of Jamaica.*«

Sohn Christian lachte. Er trug jetzt lange blonde Haare wie sein Tennisidol Björn Borg und sprang mit einem *Köpper* ins neue Schwimmbecken.

Das Bierfass leerte sich und eine Abordnung fideler Typen holte Nachschub vom Gastwirt Werner um die Ecke. *Diese Ossis, letztendlich ticken sie irgendwo wie wir!*, dachten wohl einige der bayerischen Gäste. Ich habe sie nicht gefragt.

Unsere bayrische Integration war wohl erfolgreich eingeleitet. Wir waren nicht mehr nur die *Zuagroasten*, sie akzeptierten uns inzwischen. Bayerns Preußen sind eben in München die besten.

Die vielen Möglichkeiten, die wir hier in München wahrnehmen konnten, zeigten mir, trotz kleiner Anpassungsschwierigkeiten, dass wir mit unserer Flucht den richtigen Weg gewählt hatten.

Ich sah, wie meine jüngere Schwester und meine Schulfreundinnen in der DDR wenig Gelegenheiten zu ihrer individuellen Entfaltung fanden. Ihr Leben war bestimmt durch den politischen Alltag, der grau und irgendwie trostlos schien. Es kostete sie viel Kraft, ihm auch ein paar sonnige Seiten abzugewinnen.

Nach der friedlichen Revolution und der Wende 1990 wurde mir bewusst, dass ich durch unsere frühe Flucht schon in jungen Jahren einen Vorsprung in Lebensqualität erhalten hatte.

Bella Italia

Es waren die 90er-Wendejahre mit ihrer Aufbruchstimmung. Urlaub in Thailand, in der Türkei, in den USA – das Fernweh hatten wir weitgehend aufgearbeitet. Nun sollte es nach *Bella Italia* gehen! Vielleicht kauften wir etwas Eigenes? Rolf verdiente gut, das Geld wollte er anlegen. Ein Grundstück in Ligurien, in Stellanello in den Bergen, 15 Kilometer vom Mittelmeer entfernt, gefiel uns. Christian kannte die Gegend von Berliner Tennisfreunden. Ein Naturschutzgebiet, unberührt, hoch in den Bergen, unwegsam. Wir lernten Italienisch. Unser jüngster Sohn könnte die Ferien später mit Freunden dort verbringen.

Die Tiere dominierten hier noch ihren Lebensraum. Abends sausten die Fledermäuse an uns vorbei, der Kauz rief laut und klagend über den abgestorbenen Kastanienwald. Manchmal hörte man spät ein Wildschwein schnaufen und sah schon mal eine Wildschweinmutter mit ihren Frischlingen in unmittelbarer Nähe die Straße überqueren, wenn man den Berg mit dem Jeep hinauftuckerte. Die Schlangen züngelten in der Mittagshitze über den Weg. Nur die Vipern seien gefährlich, warnten uns die Einheimischen, aber diese sah man selten auf den heißen Dachziegeln oder wenn man an den Büschen grub und ins alte Mauerwerk fasste. Die Siebenschläfer quiekten laut bei ihren geschäftigen Rammeleien und Ratten und Mäuse hüteten sich vor den Eulen, die nachts im Tiefflug vorbeikamen.

»Habt ihr's gut. Das Meer, Mittelmeerkost und Dolce Vita«. Die Verwandten und Freunde beneideten uns: »Vergesst nicht die Gästezimmer«, erinnerten sie uns augenzwinkernd.

Ein Haus ganz in Natursteinmauerwerk mit Terrakottaböden, viel Holz und einem großen Rosengarten, das war Rolfs Traum. Er plante Türen und Fenster und zeichnete Grundrisse. Gestalten war immer noch seine Leidenschaft.

Schnell war das einsame Terreno in den Bergen in Santa Maria in Monti mit dem Geometer besichtigt. Ein kleiner Talkessel, ringsherum von Bergen wie dem *Pizzo d'Evigno* und dem *Pizzo Montin* umgeben, beide um die 1000 Meter hoch. Dort, wo alte Ställe standen, durfte man bauen. Man erkaufte sich durch ein *Condono*, ein saftiges Bußgeld, die Baugenehmigung von der Gemeinde. Es war ein abgeschiedener Ort, der in seiner Einsamkeit nie ganz zu dieser Welt zu gehören schien.

Wie konnte man bei diesem Rundblick über die Seealpen an Nebensächlichkeiten denken, dass es zum Beispiel da oben gar kein Wasser, kein Telefon oder Strom und nur einen halsbrecherischen Feldweg in Serpentinen die 500 Höhenmeter hinauf gab?

Nur die *Cacciatori*, die Jäger, durchpflügten diesen Weg in martialischer Ausrüstung zur Jagdzeit mit ihren Jeeps. Sie waren nicht unsere Freunde. Sie schossen Singvögel, die sie als Delikatesse bei einheimischen Familienfeiern anboten. Außerdem ballerten sie schon beim Morgengrauen in den Bergen herum. Abends in der Dämmerung musste man achtgeben, dass keine Schrotladung neben einem einschlug.

Florian war begeistert. Mit seinen zehn Jahren machte ihm das Zelten einen Riesenspass. Wir hatten unser altes Hauszelt, das wir für Korsika gekauft hatten, herausgekramt und es für die erste Bauphase auf der Wiese unseres Grundstückes aufgestellt. Es war recht komfortabel und wir stellten Liegen hinein.

Paule aus dem *Castello*, der einige Jahre in Italien gelebt hatte und ewig angeheitert war, warnte: »Immer schön die Schlafsäcke untersuchen, ob eine Viper drin ist.«

Eine kleine überdachte Kochzone enthielt Gasflaschen, Töpfe und Aldi-Vorräte für die Bewirtung der Handwerker. Mit seinem Mountainbike kurvte Florian durch die gemähten Wiesen. »Platz da!« Beine hoch und durchgedüst!

Marion, Christians Freundin, schmal und schüchtern und noch Gymnasiastin, fuhr deren alten Bus, den sie *Carla* nannten, souverän die steilen Wege hinauf und hinunter. »Kann ich ein paar Schrauben von Edil Tutto holen?«, fragte sie, weil sie so gern Auto fuhr.

Die ersten Installateure, der dicke und der fesche Helmut aus Rolfs Heimat Wittenberge reisten an. Rosangela und Emanuele, unsere Tomaten- und Olivenbauern weiter unten in Duranti, kümmerten sich um unsere baulichen Genehmigungen. Rosangela war eine *Robusta* und regierte ihren Emanuele und das kleine Dorf Duranti. Emanuele, braun gebrannt und kräftig, lachte verschmitzt und bot ein *Biccherino,* selbst gezogenen Rotwein oder Grappa an. *Rosita und der Ingeniere*, wir wären ja der italienischen Baumafia ausgeliefert gewesen ohne sie ... Wozu hatten Rosangela und Emanuele schließlich Verwandte in allen Handwerkssparten? Rosangela setzte sich an ihr geliebtes Telefon und organisierte die Einsätze. Ihre *Cuginis* wurden bei uns in Lohn und Brot gebracht.

Nun brauchten wir Wasser. 100 Meter weiter oben war eine Quelle, die bisher von Emanueles Kühen benutzt wurde. Wir legten also gemeinsam mit Paule und Christian Rohrleitungen hinunter, von der Quelle auf dem Berg bis zum Grundstück. Das Wasser stellten wir wahlweise mit Emanuele um. Die Details habe ich verdrängt, aber entweder hatten wir kein Wasser oder die Kühe. Deshalb musste später eine große *Vasca* gebaut werden, ein Wasservorratsbecken.

Rusba-Besitzer Andrea, dick und ein wenig verschlagen, mit unsicheren Schweinsäuglein, versetzte die riesigen Felsbrocken und machte mit dem Bagger den Aushub. Ließ er bei der Gelegenheit das Wasserstrahl-Hochdruckgerät mitgehen? Deutsche *Machinas*, darin waren sich die Italiener einig, waren unschlagbar. Bei der *Polizia* begann die Mittagspause, da mussten sie heim zur *Mamma*. Daher war es leider, leider nicht möglich, den Diebstahl aufzunehmen. *Wurde noch etwas entwendet? No?* Na dann könnte man es doch auf sich beruhen lassen. Und das Protokoll aufgrund der Sprachprobleme und so … Es war nicht der Tag für Diebstahlsanzeigen.

Emilio aus Bergamo, in den besten Jahren und gewitzter als ein herkömmlicher Fliesenleger, der seinen Cousin Eduardo, einen gutmütigen Busenfreund von Emanuele, in Ciccioni am Wochenende besuchte, legte die pompejiroten Terrakottafliesen auf alle Fußböden.

Mittags machten wir ausgiebig Pause, aßen deutsch-italienische Gerichte, tranken ein Fläschchen italienischen Rotwein und lernten von Emilio Italienisch.

Der große Generator von *Heilith und Wörner* schaffte nicht die nötige Energie für die Betonmischmaschine. Strom musste her!

»Aber Dottore«, sagt der ENEL-Beamte, »wissen Sie, was das kostet, die Strommasten von dem Santuario della Madonetta den Berg hoch zu setzen?«

Über die Jahre würde ENEL die Kosten prüfen, wir könnten bald mal wieder einen Antrag stellen. Piano, Piano! Ganze zehn Jahre sollte es letztlich dauern, bis die Strommasten und das Telefon gelegt wurden.

Derweil wirtschaftete Berlusconi den Wohlstand in Italien herunter. Unsere Bauersleute nickten bewundernd: *Ja der Cavaliere, der weiß, wie man Geld macht. Und keine Erbschaftssteuer für die Töchter, wenn man den wählt! Nicht wie dieser Professore, der Prodi, der wie ein richtiger Deutscher spart.*

Siebenschläfer und Ameisenvölker zogen wieder unter das neue Dach. Sie waren schon vor uns da und hatten auch vor, uns zu überleben. (Siebenschläfer standen in Ligurien unter Naturschutz.)
»Hier ist Gift gegen die Rattici und Ghiri-Ghiri«, sagte der Verkäufer von der *Cooperativa* für landwirtschaftliche Erzeugnisse verschwörerisch.
Wir erwogen, die neuen Hausgenossen so possierlich zu finden, wie es unser tierliebender Enkel Tobi in späteren Jahren tat, wenn er sie mit Äpfeln füttert.

Uns wurden heruntergekommene Ruinengrundstücke angedient. Wir hätten doch sicher deutsche Freunde, die romantische Feriendomizile zu würdigen und vor allem zu bezahlen wüssten? Die Italiener hielten alle Deutschen für unendlich wohlhabend.
Christian, der Emanuele in der Bauzeit die Natursteine zum Mauern hin und her geschleppt hatte – »Quelle li, quelle la!« – interessierte sich aber bald nur noch wenig für Stellanello. Ein Tenniscenter, wie geplant, wollte er nicht mehr aufziehen. Seine Tochter Ira Luzi war, dank des kleinen Zeltes mit Marion auf der Wiese, 1992 geboren worden. Seine Theaterambitionen, sein Psychologiestudium und die Aufbruchmöglichkeiten in dem Berlin der Wende begeisterten ihn mehr. (Zusammen mit Freunden besetzten sie ein Instandsetzungshaus in der *Alten Schönhauser* im Scheunenviertel in Berlin Mitte. Christian tourte später zusammen mit einem Hinterhoftheater vom Prenzlauer Berg, dem *Hexenkessel Hoftheater*, und lebte mit seiner kleinen Familie von der Stütze. Nebenbei machte er seinen Abschluss als Diplom-Psychologe an der *Freien Universität Berlin*.)
Rolf war sich sicher: *Das wird in Stellanello ein Erholungsdomizil für die ganze Familie! Alle außergewöhnlichen Anstrengungen lohnen sich! Das gelingt auch ohne Christian.* Flori freute sich. Er sah

sich mit Freunden in den Bergen herumstromern und per Zug Südfrankreich erkunden. Ich hatte wegen des fehlenden Stroms und Telefons, der katastrophalen Straße hinauf und den Sprachbarrieren Bedenken. Wie würden wir das schaffen? Ich hatte keine Lust, ständig mit Handwerkern aus München und Stellanello unsere Freizeit auf dem Bau zu verbringen. Ich leistete einen verantwortungsvollen Job in München und musste immer wieder sehen, wie ich meinen Urlaub für Stellanello organisiert bekam.

Aber in Italien aß ich gern in den *Trattorias*: Fisch, *Dolce*, ein Viertel Wein, freundliche Bedienung, gute Gespräche – das war Glück; ich beobachtete die schönen Menschen am Strand, schaute auf das silbern gesprenkelte Meer, hörte und lernte die klangvolle Sprache, schaute in den fast anstrengend blauen Himmel und dachte an das *Dolce Farniente*, das uns Brandenburgern so abgeht. Gerüche dufteten in Italien intensiver als in Deutschland. Hier schien die Welt sich jeden Tag neu zu erschaffen. Pinien und Zypressen wuchsen schon am Gardasee. Obwohl man dort noch viel Deutsch für die Touristen sprach, begann hier das italienische Flair.

Im *Hotel Sirmione* hing an der Wand im Speisesaal, in Marmor gemeißelt, Goethes berühmtes Gedicht von *seiner* Italienreise. Wenn wir später manchmal auf der Hintour nach Stellanello am Gardasee übernachteten, lernten wir es auswendig, für die italienischen Momente im Leben:

Kennst du das Land, wo die Zitronen blühn
Im dunklen Laub die Goldorangen glühn
Ein sanfter Wind vom blauen Himmel weht
Die Myrte still und hoch der Lorbeer steht
Kennst du es wohl – dahin, dahin
Will ich mit dir du mein Geliebter ziehn.

Was ich an Dir mag

»Also, Mutti, jetzt haben wir eine Stunde Zeit zum Erzählen, solange fahren wir bis zum Flughafen nach München«, sagte ich.

Ich verstaute vor dem *Hotel Lindenhof* die Koffer meiner Mutter im Fond meines *Fiestas*.

Sie hat viel Zeugs in Bad Füssing zur Kur gebraucht, dachte ich beiläufig, sie machte sich noch immer gern schön. Regelmäßig ging sie zum Friseur. Rolf meinte neulich: »Wenn du im Alter noch wie deine Mutter aussiehst, bin ich froh.«

Sie ließ sich zufrieden neben mir auf dem Beifahrersitz fallen. Sie liebte es, Auto zu fahren. »Fahr nicht so schnell«, ermahnte sie mich im Voraus.

Sie berichtete von ihren Kurerlebnissen: Die Massagen waren zu teuer, das Essen ausgezeichnet, das Thermalwasser sehr erholsam und die Kurgäste anstrengend.

Ich überlegte mir ein weitläufigeres Thema, ohne den Blick von der Straße zu nehmen, um nicht wieder in ein Streitgespräch mit ihr verwickelt zu werden.

Meine Berliner Schwester hatte sie, nach Absprache mit mir und unserer älteren Schwester, gerade in der Nähe der Frankfurter Allee in einer *Senioren-Residenz* (so hießen die Altersheime heute) eingemietet, die sie mit ihrer guten Pfarrwitwenpension bezahlen konnte. Ich fragte sie, wie es ihr dort inzwischen gefiel. Sie war immerhin schon 85 Jahre alt, sich neu einzugewöhnen sicher nicht so einfach.

Unsere Gesellschaft erwartet, ging es mir durch den Kopf, *dass man ein schlechtes Gewissen bekommt, wenn man jemanden ins Heim bringt.* Wir alle drei jedenfalls hatten eins.

»Die Schwester Klara schaut nur kurz zur Tür rein, knallt das Frühstück auf den Tisch und dann ist sie auch schon wieder weg«, klagte meine Mutter. Sie speist gern in Gesellschaft. In ihrem Kopf schienen viele Gedanken gleichzeitig abzulaufen. »Deine Schwester kommt auch nur mittwochs und sonnabends«, fuhr sie fort.

»Aber das ist doch genug«, versuchte ich einzuwerfen, aber sie sagte schmollend:

»Und Klaus macht sich immer über mich lustig, dass ich die Fernbedienung des Fernsehers nicht mit dem Mobiltelefon verwechseln soll. Wer meint er, ist er denn? Obwohl … die Ladeschalen sehen tatsächlich ähnlich aus«, schränkte sie widerwillig ein.

Dass sie so etwas ärgerte! Ich dachte, ich kannte meine Mutter – war aber wohl nicht so. Der ausgiebige, auf die Dauer lähmende Fernsehkonsum war sicher nicht förderlich für die geistige Beweglichkeit der alten Menschen, aber irgendwie brauchten sie auch die Teilnahme am gesellschaftlichen Leben. Das Alter – war es nicht letztlich eine Kette von Unwürdigkeiten?

Ich lotste den Wagen durch die verkehrsberuhigten Straßen der Heilbäder zur Autobahn. »Euer Essen soll recht gut sein«, versuchte ich, das Thema zu entschärfen.

»Jeden Tag schmeckt es, als wäre es das Gleiche, erbarmungslos zerkochtes Fleisch und Gemüse«, winkte sie ab. Die Wirklichkeit meiner Mutter war eben eine andere als meine.» Alles zu Pamps gerührt wegen der fehlenden Zähne.«

Aber die kulinarischen Freuden waren ihr nie so wichtig, dachte ich erleichtert, ständig machte sie Knäckebrot-Diäten, um schlank zu bleiben.

»Ich könnte ja mal wieder eine Woche zu dir kommen?«, sagte sie aus heiterem Himmel.

Diese Frage löste eine gewisse Unruhe in mir aus. »Das könntest du wirklich mal machen«, hatte meine Schwester gestern am Telefon

zu mir gesagt. »Du drückst dich mal wieder, meine Liebe. Mutti fährt so gerne zu dir nach München oder zu Christa nach Bonn.«
»So einfach ist das nicht«, hatte ich meiner Schwester leicht genervt geantwortet, »wir arbeiten immerhin noch beide. Nebenher bauen wir an unserem Haus in Italien. Rolf ist auch nicht so geduldig wie dein Klaus.«
»Die kurze Zeit kann er Mutti schon mal aushalten«, meinte sie ein wenig streng, »wer weiß, wie lange sie noch reisen kann.« Meine Schwester entließ mich nicht aus der Verantwortung.
Ich fuhr aus meinen Gedanken auf, aber Mutti hatte derweil flüssig weitererzählt. Sie war gerade dabei, über die alten Damen von ihrem Mittagstisch zu berichten. *Schnatternde alte Leutchen, von der Leistungsgesellschaft entlassen,* dachte ich, *wie sie das nur aushält?*
»Frau Werner«, sagte sie gerade, »die vergisst schon alles. Gestern traf ich sie mit ihrem Gehwagen hier nebenan im Park. Denkst du, die hat mich erkannt? Das kann mir nicht passieren«, sagte sie zufrieden, »da könnt ihr aber noch froh sein.«
Na, Vorsicht, dachte ich. Gestern hatte sie am Telefon bestritten, dass wir schon einen Termin zum Abholen für heute vereinbart hätten. Aber im Grunde hatte sie recht, wir konnten uns wirklich nicht beklagen.
»Weißt du«, sagte sie und war inzwischen gedanklich in der Nachkriegs-DDR angelangt, »den Komfort, den ihr jungen Frauen heute habt, den gab es früher nicht. Ich habe im Winter morgens das Eis an der Pumpe aufgehackt, dann den Küchenherd geheizt um Teewasser aufzusetzen und für euch einen Haferbrei zu kochen und die Wäsche in der Waschküche einzuweichen.« Sie schaute sinnierend aus dem Autofenster, ohne vermutlich wirklich etwas wahrzunehmen. »Ein Auto hatte nur der Superintendent, der die Pfarreien monatlich einmal zur Kontrolle abfuhr.«

»Damals ist man ja nur Fahrrad gefahren«, fiel ich ihr ins Wort und bremste mich auf die Mittelspur der Autobahn, um stressfreier fahren und besser hinhören zu können.

Die alten rostigen Herrenfahrräder im Schuppen, erinnerte ich mich, die Schläuche waren immer wieder kaputt, das Flicken klappte meist noch nicht und wir schoben das Rad frustriert zum Fahrradfritzen.

Aber meine Mutter wollte nicht meine Erinnerungen hören, sondern ihre loswerden. Sie hatte wenig Gelegenheit zum Erzählen, rechtfertigte ich sie. Es gab in ihrem Leben so viele von ständiger Wiederholung verklärte Geschichten, die sie gern zum Besten gab. Die historische Genauigkeit war ihr nicht so wichtig. Die Ereignisse im Krieg wurden mit der Zeit zu Mythen und sie versuchte, ihnen nachträglich einen Sinn zu geben. Ein normaler Mechanismus, überlegte ich, wenn ein Leben im Nachhinein zu einem verständlichen Ablauf geordnet wird.

»Frau Werner und Fräulein Kühne an unserem Tisch wollen immer nur selber reden«, sagte sie gerade leicht verbittert. Aber Herr Müller-Zetsche schmeichele ihr und betone, wie gut sie noch aussähe und dabei noch soviel jünger! Sie kokettierte ein bisschen mit ihrem Alter: Auf dem Hinflug hatte sie den Piloten in der *Air-Berlin*-Maschine nach München im Cockpit besucht. Die Stewardessen wollten sie zwar nicht hineinlassen, aber sie hatte zu ihnen gesagt, dass sie wissen müsse, wer sie fliege, falls etwas passiere, Entführung oder so was. Der junge Kopilot sagte dann, so eine rüstige hochbetagte Passagierin habe er lange nicht mehr geflogen, da freue er sich aber, erzählte sie stolz.

Sie hatte ganz rote Wangen und ich konnte die Peinlichkeit der Situation ein wenig nachfühlen. Weil man als Kind seine Eltern für stark hielt, sah man ihnen Schwächen im Alter sehr viel schwerer nach.

»Ach je,« sagte sie dann und schlug sich mit der flachen Hand auf den Mund, »ich soll ja nicht so viel erzählen, das stört deine Schwester auch immer beim Autofahren im dichten Stadtverkehr.«

»Ist schon gut«, sagte ich, »wir fahren ja Autobahn. Und heute ist Sonntag, keine LKWs.«

Ostpreußen, dachte ich, *ich sollte das Gespräch darauf bringen.* Rolf machte das oft. Das Thema war unverbrauchter und ihr fiel erstaunlich viel Interessantes dazu ein. Sie lebte bis zu ihrem 17. Lebensjahr in der Nähe von Königsberg. Sie hatte immer noch einen ostpreußischen Zungenschlag beim Sprechen. Als Kinder hatte sie uns zum Lachen gebracht, wenn sie für uns den Dialekt ihrer Dienstmädchen Meta und Maria nachahmte – »Mariellchen, dat Jalbe von't Ei!« – oder polnisch schimpfte: »Schitno jetno!« Aber damit verbanden sich auch einige schreckliche Kriegserinnerungen, also ließ ich es lieber und warte, ob sie etwas auf dem Herzen hatte.

»Die Pfleger und Schwestern reden oft mit mir, als wenn ich ein Kind wäre«, fuhr sie leise fort. »*Das machen wir jetzt mal schön so und das lassen wir mal schön!* Meinen die denn, sie haben keine Autorität, wenn sie normal mit uns reden? Ich hab doch Abitur und bin eine Pfarrfrau gewesen.« Sie stützte den Kopf auf den aufgestellten Arm und massierte sich die Schläfe. »Sie klopfen nicht an, wenn sie hereinkommen, und wenn man sie etwas fragt, geben sie kaum eine Antwort.«

In ihrem Blick, das konnte ich von der Seite sehen, lag Trauer und ich spüre, dass mich das unsicher werden ließ. *Natürlich haben sie zu wenig Zeit*, dachte ich. Ich erinnerte mich, dass meine Schwester deshalb schon einmal bei der Heimleiterin vorstellig geworden war. Unsere Mutter sei schwierig, habe diese dann nur angedeutet. *Wer im Heim nicht in das Raster passt und sich nicht mit dem herr-*

schenden Trübsal abfindet, wird gnadenlos abgestraft, dachte ich beklommen.

»Aber«, sagte meine Mutter, wieder zuversichtlicher werdend, »die Ärztin versteht mich besser. Sie nimmt sich Zeit und beantwortet mir meine Fragen. Manchmal unterhalten wir uns über den Fernsehfilm von gestern. Seitdem sind auch die Schwestern wieder etwas zuvorkommender.«

Sie versuchte, sich immer erfolgreich zu positionieren. *Sie hat, was man innere Haltung nennt*, ging es mir durch den Kopf. »Etwas anderes habe ich von dir auch gar nicht erwartet«, sagte ich anerkennend.

Sie kramte in ihrer Handtasche, beförderte zwei Schokoriegel daraus hervor und steckte mir einen davon in den Mund. Sie schaffte das, sie hatte immer alles geschafft. Zum Beispiel durchzusetzen, dass wir nach Ostberlin umziehen konnten und dort alle drei die Oberschule besuchen durften, was für christlich ausgerichtete Menschen in der DDR nicht unbedingt vorgesehen war.

»Jetzt habe ich nur von mir geredet«, sagte sie aufgeräumt, als wäre es ihr unangenehm, mir einen Blick in ihre innere Welt gewährt zu haben. »Nun erzähl mal, was macht denn deine Schreiberei?«

Ich berichtete ihr ein wenig von meinem neuen PC, mit dem sich alles Geschriebene viel leichter korrigieren und verschieben ließ.

»So etwas hätte ich in meinem Büro in der Friedhofsverwaltung früher auch gern gehabt«, meinte sie nachdenklich.

»Dieses Weihnachten«, sagte ich mit aufmunternder Stimme und wechselte auf die Flughafenausfahrt zum *Erdinger Moos*, »dieses Jahr kommst du mal wieder nach Hofolding. Heiligabend fahren wir wie früher zum Gottesdienst in die Matthäuskirche nach München.«

Für meine Mutter war ihr Herrgott eine feste Bezugsgröße. Eine Welt mit Sinn ausgestattet, ein Leben nach dem Tode. Gerade dieser

Trost, den ihr die Glaubensgewissheit spendete, machte mir zu schaffen. Christlicher Glaube und eigener Nutzen waren bei ihr irgendwie zu eng miteinander verflochten.

»Und am zweiten Feiertag fahren wir nach Berchtesgaden an den Königsee, dorthin magst du doch so gern«, fuhr ich fort. Und ich dachte, wie so oft, dass es vielleicht das allerletzte Mal sein könnte.

Ich griff nach der Hand meiner Mutter und umschloss sie fest.

Meine Mutter blieb in Gedanken versunken und hatte die Augen geschlossen.

Florian David

Die Dreijährigen rannten und schrien im katholischen Gemeindehaus in Hofolding nachmittags laut durcheinander. Florian David, damals gerade drei Jahre alt, und ein paar andere Kinder spielten mit *Duplo*-Steinen und bauten einen Tennisplatz.

Meine Nachbarin Barbara, ihr kleiner Kai, ich und Florian hatten in Hofolding eine *Zwergerlgruppe* eingerichtet. Fräulein Hilde, die hübsche Haushälterin von Pfarrer Alt, brachte einen Apfelkuchen herein. Wir jungen Frauen saßen gerade am Tisch und überboten uns in Erziehungsratschlägen.

»Nee«, sagte Huberts Mama, »bloß nicht beim Spielen einmischen, das müssen die ganz alleine austragen.«

Barbara nahm Markus, den größten Rabauken, auf ihren Schoss und aus der Aggressionslinie. Sie war Erzieherin.

Christian, er war zu dieser Zeit schon 14, stürmte mit schmutzigen Klamotten vom Fußballtraining herein und hockte sich an den Tisch. Wenn es Kuchen gab, war er zur Stelle. Die Kleinen stürzten sich auf ihn und er ließ sich auf die Erde werfen. Alle setzten sich auf ihn drauf.

Das fand Flori gar nicht gut: »Sie machen meinen Gika kaputt!« Da musste er weinen.

Als Chris ihn in den Arm nahm, war Flori sehr stolz, weil die anderen keinen so großen Bruder hatten.

Kindergeburtstag feierten wir auf dem Grillplatz im *Hofoldinger Forst*. Der Förster hatte es erlaubt. Wir durften sogar Feuer anzünden. Alle Mütter der *Zwergerlstube* brachten etwas zu essen und zu trinken mit und die Kleinen grillten Würstchen auf kleinen Stöckchen.

Ich blieb für ein paar Jahre zu Hause. Rolf verdiente sehr gut. Die Baubranche boomte in den 80er-Jahren. Die Schulden fürs Haus waren abbezahlt.

Flori und ich gestalteten es uns beide gemütlich mit den bayrischen *Pumuckl*-Filmen, Puschel, dem Eichhörnchen und vielen Janosch-Kinderbüchern. *Dr. Brausefrosch* war unser Lieblingsarzt. Der kleine Tiger und der Bär kuschelten auf einem gemütlichen Sofa, kochten sich gegenseitig ihre Leibspeise und schrieben sich täglich mehrmals Briefe.

Mittags kam Chris aus dem Gymnasium. Er hatte schon ein paar Freundinnen, von denen er uns nichts mehr erzählte.

»Börni hat heute Abend Angst allein zu Hause zu bleiben«, sagte Flori beim Mittagessen. Sein großer Stoffhund Börni teilte uns zuverlässig mit, was Flori so dachte.

In der Schule umringten Flo viele Mädchen und er ging gern hin.

Er malte mir zum Muttertag ein Bild: *Meine Mama ist blondgestreift und macht sich immer um einen Sorgen!*

Tennis war unser Familiensport, Christian kämpfte schon in der Münchner Jugendliga. Flori mochte Tennis nicht. Er spielte lieber mit den Buben, als gegen sie auf dem Tennisplatz anzutreten. Das Begabtentraining bei Startrainer Pöttinger in Ruhpolding absolvierte er wohl nur seinem Papi zuliebe. »Gaanz wischtig!«, imitierte er seinen Lehrer.

Dann begann auch bei ihm die Pubertät und wenn er jetzt aus dem *Gymnasium Ottobrunn* heimkam, berichtete er auch nur noch wenig. Nachmittags klingelte es und hübsche Mädchen standen kichernd vor der Tür und wollten mit Flori spazierengehen. *Flo find ich gut!*, schrieb er selbstbewusst in seine Hefte und zeichnete einen lustigen Jungen von hinten, der in der einen Hand einen Tennisschläger und in der anderen *Börni* hinter sich her schleifte. Bei Partys knutschten sie zu Hause ein bisschen und besorgten rote Glüh-birnen.

Christian flüchtete nach den spätpubertären Auseinandersetzungen mit seinem Vater zum Studium nach Westberlin.
Warum studierte ein mathematisch begabter Junge nun Psycholo-gie? Da war zwischen Vater und Sohn einiges schiefgelaufen. Der Weg zur Selbstfindung ging wohl nur über die totale Abkehr von den Eltern und besonders vom Vater.
Ich stand immer etwas zwiegespalten zwischen Vater und Sohn. Florian nahm mich voll in Anspruch.
Als Thomas, Rolfs Sohn aus erster Ehe, nach der Wende in Mün-chen an der LMU weiter Medizin studierte und mit seiner jungen Frau bei uns im Souterrain wohnte, eskalierten die Eltern-Kinder-Beziehungen bei uns. Thomas war ein zurückhaltender junger Mann, Abitur und drei Jahren Armeezeit in Ostberlin, dazu ein lei-denschaftlicher Musiker: Heavy Metal. Eine gewisse Fremdheit umgab ihn. Rolf, der seinen ältesten Sohn Jahrzehnte lang vermisst hatte, fühlte sich am Ziel seiner Wünsche. Flori war begeistert über die neue Großfamilie.

Was aber geschah mit meinem eigenen Lebensentwurf? Ich reagier-te wieder einmal nur. Aber nun wollte ich es angehen: Ich fing wie-der an zu lesen, was ich viele Jahre aus Familiengründen vernach-lässigt hatte. *Warum eigentlich*, dachte ich, *habe ich das zugelas-sen?* Prof. Frühwald las an der LMU über die Literatur der Nach-kriegszeit in Deutschland. Brecht, Thomas Mann, Benn – ich kannte sie, wenn überhaupt, nur aus der DDR-Perspektive. Frühwald gab mir etwas zurück, das mich früher bewegt hatte, die Suche nach der Wahrhaftigkeit der Literatur. Die DDR-Schriftsteller waren der

Wahrheit im sogenannten *sozialistischen Realismus* meist ausgewichen. Über Hermann Kant sagte Jurek Becker, beides Protagonisten der DDR-Literatur:»Niemand konnte so haarscharf an der Wahrheit vorbei formulieren, wie Kant.«

Ich bewarb mich nun als Bibliotheksleiterin beim *Deutschen Jugendinstitut*. Acht Jahre war ich Hausfrau und Mutter, mit Florian und Christian, jetzt startete ich noch einmal im Beruf durch. Die EDV begann gerade ihren Siegeszug, und ich sprang auf den fahrenden Zug auf.

Die Geschichte – die Wende in der DDR – hatte sich dieses Mal ohne mich vollzogen. Die Einheit fand zu westdeutschen Bedingungen statt, der Westen kam allerdings auch für die Kosten auf.

Endlich wieder mit meiner Schwester Linda offen und frei auf Augenhöhe sprechen. Wie konnte ein unmenschliches System uns so lange trennen! Jede von uns hatte 20 Jahre lang ein eigenwilliges Familienleben, den gesellschaftlichen Zuständen angepasst. Das verarbeiteten wir nun gemeinsam.

Wir erlebten alle zusammen ein außergewöhnlich harmonisches Fest, Floris Konfirmation, im Mangfalltal. Ich fühlte meine Kinder, meine Ehe, meinen Beruf und meine Hobbies im Einklang. Ich war 53 Jahre alt und dachte, für die kommenden Ereignisse des Lebens gut gewappnet zu sein.

Die Katastrophe

Die Sommerferien verbrachten wir, wie auch in den letzten Jahren, in Stellanello, in unserem Haus in Italien.

Florian wollte nun nicht mehr mit uns alleine dorthin fahren. Zuerst fuhr Floris rundlicher Klassenkamerad Philipp mit. Er war in der Toskana aufgewachsen und sprach gut Italienisch. Die beiden stromerten allein durch die Gegend und fuhren mit dem Zug oft nach Nizza.

Nach Philipps Abreise kam der sechzehnjährige fantasiebegabte Manuel, der Sohn meiner Freundin Linde, mit der Bahn nach Stellanello. Sie bauten auf der großen Wiese aus Schaltafeln, Arbeitsböcken und Decken eine Schlafstatt und übernachteten draußen unter dem offenen Sternenhimmel, der oben auf dem Berg viel weiter erscheint. Morgens um fünf wanderten sie auf den *Pizzo d'Evigno* und fotografierten den Sonnenaufgang und das Gipfelkreuz im fahlen Morgenlicht. Sie fuhren mit der Bahn wieder nach Nizza und Florian sprang dort, wie Manuel später erzählte, ab und an von den hohen Klippen ins Meer.

Am 7. September montierten beide mit Rolf ein Terrakotta-Wasserbecken an die Außenfassade unseres Hauses. Es hatte seit Wochen nicht geregnet. Die Erde war ausgetrocknet. Nun schüttete es fürchterlich und wir liefen alle bald hinein. Es wollte nicht aufhören und bald stand unsere große Wiese unter Wasser. Nasskalt wurde es dann auch noch.

Wir aßen alle zusammen Spaghetti in der warmen Küche. Rolf erklärte den Jungen die Physik der Wellenbewegungen im Meer und Manuel war leicht genervt von den belehrenden Worten. Die beiden Jungen zogen sich ihre Turnschuhe an und hatten die Idee, den Berg hinunterzulaufen.

Das Folgende weiß ich nur aus dem Bericht von Manuel:

Die zwei überquerten die Furt des *Rio Costa*, 200 Meter vom Haus entfernt, ein Weg, den man mit dem Jeep gut befahren konnte, der zu seltenen Zeiten (Emanuele sagte später: *Vielleicht alle 20 Jahre einmal*) ein Flussbett des Rio Costa war. So wie an diesem Tag.

Die Furt war mannshoch gefüllt mit Wasser, das vom Berg herabstürzte. Anstatt umzukehren, trafen sie die verhängnisvolle Entscheidung weiterzugehen und kehrten erst bei der nächsten Furt um, die ebenfalls überschwemmt war. Die Furt in der Nähe unseres Hauses war beim Rückweg aber schon viel höher überschwemmt als beim Hinweg und große Felsbrocken rammten das überflutete Flussbett. Das Wasser stand bis zu den unteren Baumkronen. Klatschnass und total durchgefroren entschieden sie sich, die Wassermassen schnell zu durchqueren.

»Wir fassen uns an, das ist sicherer!«, sagte Flori zu Manuel.

Flori ging vorneweg aber Manuel ließ dann die Hand von Florian doch los. Florian wurde von den Fluten mitgerissen, wahrscheinlich von einer Steinlawine getroffen und vermutlich sofort bewusstlos. Ein erneuter Erdrutsch schleuderte ihn flussabwärts. Manuel hielt sich irgendwie an einem Ufergebüsch fest.

Verstört kam er zum Haus gerannt und überbrachte uns stammelnd die Nachricht: «Flori ist nicht mehr da!«

»Aber wo wart ihr denn?«

»In der Nähe des Parkplatzes, hier gleich bei der Furt!«

Mehr war aus ihm nicht herauszubekommen.

Rolf stürzte mit ihm hinaus zur Furt, nur 200 Meter vom Haus entfernt. Der Weg war verwüstet und das Wasser schoss noch gefährlich den Steilhang hinunter.

Rolf schickte Manuel zurück und versuchte der steilen Wasserbettführung des *Rio Costa* zu folgen, um Flori zu finden, vielleicht war er ans Ufer geschleudert worden. Rolf versuchte, alle seine Kenntnisse aus dem Wassersport an der Elbe anzuwenden und keine Fehler zu begehen, brach dann aber die eigene Suche ab und lief den Feldweg hinunter zu Rosangela ans Telefon und benachrichtigte die Polizei und die hiesige Feuerwehr, die sofort aufbrachen.

Sie durchkämmte mit einer Hundertschaft von Feuerwehrleuten das Flussbett, das ein reißender Fluss geworden war, und suchte die Uferzonen bis in die späte Nacht ab. Rolf musste ihnen die nötigen Informationen zum Unfallhergang auf Italienisch, das er erst seit Kurzem erlernte, übermitteln. Die Feuerwehrleute benutzten untereinander das Wort *Frana*. Zu dem Zeitpunkt wusste Rolf nicht, dass es *Erdrutsch* bedeutet. Er rannte mit ihnen erneut hoch zur Furt und wieder hinunter.

Der Regen hörte auf und der Fluss begann sich zu beruhigen, die Wassermassen liefen ab. Zurück blieben aufgeworfene Krater und Felsschluchten. Rolf kehrte zum Haus zurück.

Manuel hatte warm geduscht und ging allein im Kinderzimmer ins Bett. »Der Flori kommt sicher bald wieder«, teilte er kindlich zuversichtlich mit.

Ich lief mit Rolf durch die ablaufenden Flussbetten hinunter zu Rosangela, wo sich die Nachrichten überlagerten.

Rosangela telefonierte mit vielen Medienredaktionen. Ich saß nass und zusammengekauert am Herdfeuer in der Wohnküche. Es wurde dunkel. Ab und an öffneten Feuerwehrleute die Küchentür und bedeuteten nur erschöpft, dass sie nichts gefunden hätten.

Rolf setzte sich zu mir: »Wir müssen mit dem Schlimmsten rechnen.«

Ich schien äußerlich ruhig und dachte nur: *morto* – tot – und formte dieses Wort tonlos mit den Lippen. Ich äußerte sogar noch scheinbar vernünftige Worte zu den anderen.

Nach weiteren Stunden des Wartens, es war schon Mitternacht, fand Emanuele, der sich der Feuerwehr zugesellt hatte und die besten Ortskenntnisse besaß, Florian tot an einem Brückenpfeiler des *Rio Costa* im Ortsteil Duranti, 200 Höhenmeter tiefer als die Furt an unserem Haus, in die die Freunde zusammen hineingeschwommen waren.

Emanuele überbrachte uns gegen Mitternacht mit Tränen in den Augen die Todesnachricht: »Come un Angelo – er sah wie ein Engel aus«, sagte er und immer wieder: »Patienza!« Das heißt so viel wie: *Gott gebe uns Geduld.*

Ich fragte verzweifelt nach Einzelheiten, was passiert sei, aber mein Italienisch versagte vollständig.

Rosangela meinte, dass der hiesige katholische Pfarrer für uns bereitstände.

Ein eisiger Windhauch schien durch die Küche zu wehen. Mein Kopf erschien mir völlig leer. Ich ging ganz gerade und irgendwie normal mit Rolf aus dem Haus hinaus.

Nachdem wir Christian telefonisch über eine Freundin von ihm und Manuels Mutter benachrichtigt hatten, liefen wir bei taghellem Vollmond den Berg zu unserem Haus hinauf. Ich hörte die Nachbarn flüstern: »I genitori.« – Die Eltern!

Das war kein Film, das war ich, die das aushalten musste.

Die Käuzchen riefen unheilvoll und ich vernahm das laute Rauschen der abschwellenden Flussläufe. Erstarrt und unter Schock brachten wir beide kaum einen Ton heraus und weinten noch nicht einmal. Ich weiß aber noch, dass ich immer wieder vor mich hin murmelte: »Ich bin stark … ich bin stark!« Mich überlief dabei eine düstere Euphorie. Später las ich, dass das ein Überlebensmechanismus ist, den das Gehirn herbeiführt.

Nach dem Befund des Notarztes brachte der Mitarbeiter der Aussegnungshalle Florian, nach der Feststellung seines Todeszeitpunktes, ungefähr 16:30 Uhr, noch nachts nach Andora, zum Friedhof. Die Furten sahen inzwischen wie Mondkrater aus, waren aber begehbar. Das Wasser schien abgelaufen. Unser *Opel Omega* war zwischen Schlammmassen eingekeilt, bemerkten wir teilnahmslos.

Wir versuchten, oben angelangt, weit nach Mitternacht, zu irgendeiner Form der Ruhe zu finden.
Rolf sagte leise: »Wir haben viele schreckliche Gänge morgen! Versuch zu schlafen!«
Er behält immer den Überblick, dachte ich verstört. Konnte er mich vor der schrecklichen Einsamkeit bewahren?
Manuel schlief scheinbar ruhig in seinem Zimmer. Was stellte sich ein Sechzehnjähriger über den Tod seines Freundes vor? Ich fühlte mich zu diesem Zeitpunkt nicht in der Lage, mich in Manuel hineinzudenken, das tat mir später leid. Ich spürte ununterbrochen eine kalte Hand an meinem Herzen.

Im Morgengrauen sah ich nach einem kurzen Wegdämmern den segnenden Jesus, wie er als Holzstatue auch in der Prendener Kirche stand, aber eigentlich war es Florian und es war ein strahlender Lichtkranz um ihn!
Am Morgen ahnte ich, dass ich nun nie mehr sorglos aufstehen, sondern immer den Tod Floris vor Augen haben würde. Mir wurde bewusst, wie allein ich nun war. Nie mehr würde er diese Treppe hinabgehen. Eine Zukunft gab es für ihn nicht mehr und das fühlte sich unheimlich an.

Manuels Mutter Linde und Rudi, ihr Lebensgefährte, reisten an. Ich erinnerte mich an keine sinnhaften Sätze, die ich ihnen sagen konnte. So legten sie wortlos fürsorglich ein paar Lebensmittel auf den Tisch und holten Manuel wieder nach München.

Rosangela fuhr Rolf und mich – unser Auto steckte im Schlamm fest – in die Aussegnungshalle auf den Friedhof, um von Flori Abschied zu nehmen.
Sein Haar war streng nach hinten gekämmt worden und nur die Stirn, die eingesunkenen geschlossenen Augen und die Nase waren nicht mit einem Tuch abgedeckt. Ich fühlte, dass er unendlich weit entfernt von uns war. Ich konnte den Tod fühlen. Er war hier im Raum und würde auch mich bald mitnehmen.
Ich wollte Florian noch einmal umarmen, aber Rolf sagte heiser: »Nicht Flori anfassen!« So rief ich nur hilflos: »Ich liebe dich!«
Diese Autorität des Todes und seine entsetzliche Stille.
Rosangela führte uns hinaus.
Die Überführung des Leichnams nach Albenga, zur Obduktion, war nach Unfällen auch in Italien schreckliche Vorschrift.

Die regionale italienische Zeitschrift brachte auf der gesamten ersten Seite unter der italienischen Überschrift *FLORIAN KLAGT AN!* einen Bericht über den Unfallhergang. Seit Langem forderten Umweltschützer eine bessere Befestigung der Flussführung des *Rio Costa*, schrieben sie.

Eine bittere Woche warteten wir, bis der Leichnam freigegeben wurde.
Ein Schweizer Freund von Emanuele, der vor zwei Jahren seinen erwachsenen Sohn im Tessin verloren hatte, bot sich an, uns zu unseren notwendigen Gängen zu fahren. Unser Auto barg die Gemeinde erst Tage später aus den Schlammmassen.

Nach Ablauf dieser alles vernichtenden Woche, fuhren wir mit unserem *Opel* erstarrt hinter dem Sarg im schwarz-goldenen, mit Rosen besteckten Leichenwagen, die acht Stunden bis nach Hofolding her.

Christian hatte mithilfe seiner und Floris Freunde und der Musikgruppe des *Gymnasium Ottobrunn*, in der mit Blumen geschmückten katholischen Hofoldinger Kirche, die Beerdigung ausgerichtet. Florian wurde am 14. September 1995, einem strahlenden Spätsommertag, beerdigt. Es predigte Pfarrer Heinrich, der ihn kurz vorher konfirmiert hatte. Er fand berührende Worte.

Ich zog meine bunte Patchworkjacke an, die Flori gemocht hatte, und ging scheinbar gefasst, mit reichlich Psychopharmaka versehen, mit vielen Menschen hinter dem Sarg her, den vier Jugendliche ans offene Grab trugen. Verwandte, Freunde, Schüler und Hofoldinger defilierten schweigend und fassungslos an uns und dem Sarg von Florian vorbei.

Eine Woche später arbeitete ich wieder in der Bibliothek im *Deutschen Jugendinstitut*. Dort konnte ich reden, dort löste ich dringend anstehende Probleme.

An den Wochenenden wanderten wir nach Südtirol, meist zur *Radlseehütte* auf 2400 Meter. Wenn mir alles wehtat vom Wandern schlief ich traumlos.

Ab und an fühlte ich mich sekundenlang in ein schwarzes Loch rasen und eine Spirale zog mich abwärts und ich war mir bewusst, dass ich es nicht schaffen würde. Ich fand nur mühsam und nicht ohne die Hilfe von *Tavor*, einem Tranquilizer, aus dem schwarzen Abgrund heraus.

Gott tröstete mich nicht über meinen Verlust hinweg. Wir suchten ihn lange im Gottesdienst und im Gebet, aber ich fand den Gott meiner Kindheit nicht mehr. Er übersah mich und mein Leid.

Die Welt kam mir so unbeteiligt vor, so ungerührt vom Wissen um Floris Tod. Ich suchte Flori in den unvorstellbaren Dimensionen der Zeit. Ich las Stephen Hawkings *Eine kurze Geschichte der Zeit* und einiges von Einstein und seiner Relativitätstheorie. Ich erahnte vieles von dem, was sie über das Universum und die Gleichzeitigkeit der Zeit erforscht hatten: *Die Zeit ist nur eine Illusion – aber eine hartnäckige!*

Christian flog oft mit Töchterchen Ira von Berlin zu uns nach München. Später besuchten wir auch Tobias Florian, der sieben Wochen nach Floris Tod geboren wurde. Seine Eltern Thomas und Birgit zogen wieder zurück in das nun vereinte Berlin.

Mit meiner Kollegin Anneliese redete ich in der Bibliothek täglich über Flori und mit Linda telefonierte ich viel. Linde, studierte Psychologin, versuchte, mich zu begleiten. Manuel lebte jetzt bei seinem Vater.

Rolf ging seinen eigenen Weg der Trauerbewältigung, er arbeitete viel. Einen Unternehmer aus dem befreundeten Umfeld hörte ich am Telefon zu Rolf sagen: »Wir werden Ihnen so viele Aufträge geben, dass sie gar nicht zum Nachdenken kommen!« Das war wohl männliche Trauerbewältigung.

Manchmal gelang es uns, uns gegenseitig ein wenig Kraft zu spenden, oft zermarterten wir uns mit Vorwürfen. Eine Paartherapeutin gab einfühlsame Ratschläge. In die Selbsthilfegruppe der *Verwaisten Eltern* gingen wir nicht. Das könne er alleine besser, meinte Rolf.

In der Abenddämmerung liefen wir beide jeden Tag auf den Friedhof und pflanzten immer wieder Blumen. Das gab uns etwas inneren Frieden. Wir hatten einen indischen Naturstein in Form eines Kreises als Grabstein gewählt, der in der Mitte mit 14 Kerben, Flo-

ris Lebensjahren, in zwei Hälften durchtrennt war, Leben und Tod symbolisierend. Wir fanden immer wieder Blumen und Kerzen von Floris Freunden und Freundinnen auf dem Grab.
In Floris Dachzimmer stieg ich viele Jahre nicht hinauf. Christian packte Fotos und andere schmerzhafte Erinnerungen weit weg.

Die Brüder reagierten abweichend auf seinen Tod. Thomas meinte ausweichend: »Ich habe ihn ja kaum gekannt.« Das fand ich schade. Chris verarbeitete seine Leiderfahrungen in seinen Rollen als Schauspieler klassischer Darsteller, teilte er uns einmal mit. Manchmal reagierte er fast trotzig gegen den Tod. Ich glaube, es schmerzte ihn, dass er sich aufgrund seiner eigenen Probleme in früheren Jahren nicht genug um seinen elf Jahre jüngeren Bruder gekümmert hatte.

Matthias, ein guter Schulfreund von Flori, besuchte uns ein paar Jahre später. Ich fragte ihn, was Florian nach seiner Meinung bisher versäumt hätte.
Matthias meinte, das Leben sei so unüberschaubar und schwierig, eigentlich hätte Florian nichts wirklich Schönes verpasst …

Meine unbeschwerte Lebenszeit als junge Frau und Mutter war brutal beendet worden. Ein neuer Lebensentwurf musste gefunden werden.

Irgendwann, nach Jahren, bestimmte nicht mehr nur das Trauma von Floris Tod unser tägliches Leben. Ich brachte wieder die Konzentration auf, meine Bücher zu lesen und mir Filme im Fernsehen anzuschauen. Ich erinnerte mich stets an die Ereignisse des Todes, setzte sie aber nun neu zusammen, um jede Zeitspanne froh, die

mich ein wenig weiter weg vom Tag des Zusammenbruchs führte.
Mit Gott haderte ich weiter im Zwiegespräch, ohne Vermittlung der evangelischen Kirche. Nur wenige bemerkten, wie sehr ich mich verändert hatte.
Wir reisten wieder nach Stellanello. Rolf wollte ein zweites Haus bauen, abseits von diesen schrecklichen Erinnerungen. Ich schlug vor, das Grundstück lieber zu verkaufen und alles hinter uns zu lassen.

Die Stille danach

Ich wollte nun nach Floris Tod etwas bewegen. »Du solltest Gleichstellungsbeauftragte werden«, sagten meine Kolleginnen in der Bibliothek. »Ihr hattet die Gleichberechtigung doch schon in der DDR.« Das stimmte natürlich so nicht. Auf dem Papier gab es sie allerdings. Und wenn die Männer abends etwas zu essen wollten, mussten sie sich in der *HO* ebenfalls anstellen.

Ich organisierte Englischkurse für unsere Frauen und Fortbildungen zur *Konfliktbewältigung am Arbeitsplatz*. Ich half einigen Kolleginnen bei ihrem komplizierten Lebensentwurf und plante mit dem Personalchef neue Qualifizierungsmöglichkeiten für Frauen. Irgendwann fand ich heraus aus meinem Trauma. *Es wird werden, was ich daraus mache*, dachte ich.

Rolf begann, in Ligurien ein zweites Haus zu planen. Ich hatte in meinem Leben schon so viel mit ihm gebaut, das gehörte nicht mehr zu meinen Zielen. Er baute ein hübsches kleines Haus mit Bürotrakt. Im Frühling 2000 fuhr ich wieder mit nach Stellanello. Ein fröhliches gemütliches Haus für zwei erwartete mich.
Wir luden Kinder, Enkel und die italienischen Handwerker und Freunde zu einer Florian-Gedenk- und Einweihungsfeier ein.
Rosangela in ihrem *guten Schwarzen* sagte nur »Faccio io!« und schmorte italienische Antipasti, machte selbst gefüllte Ravioli und dazu servierte sie Kaninchen.
Es war ein Memorio zum fünften Todestag und es spielten und sangen zwei junge Musikerinnen aus Albenga Schubertlieder. Fröhliche Kinderbeine wetzten wieder durch die Wiesen zwischen den neuen/alten Mauern.

Einige Jahre arbeiteten Josef und Franto aus Pilsen in Italien. Sie tranken auf den Rücksitzen ihr mitgebrachtes Pilsener und danach schliefen sie schnarchend und furzend. Sie waren Alleskönner und arbeiteten für zehn Euro die Stunde. Nach der Arbeit ließen sie sich volllaufen und fielen nach Vertilgung großer Schnitzelportionen ins Bett.

In den Urlaubszeiten wallfahrten wir nach Indien und auf die Malediven: Buddhistische Sitzmeditation, Yoga am Strand und Achtsamkeitsübungen beim *Bodyscannen*.

Die Buddhisten gingen gelassener mit dem Tod um. Es gab kein Anhaften an Besitztümern und auch nicht an Menschen. Erleuchtung und Tod – das ist in Tibet das gleiche Wort.

Auf den Malediven brachte der kleine Dr. Alawattagama unsere *Doshas* nach einer Pulsdiagnose wieder ins Gleichgewicht, mithilfe ayurvedischer Massagen mit warmem Sesamöl, gut durchgekochten Gemüsespeisen und *OMH-Gesängen*.

Nachmittags schwammen wir mit Taucherbrille und Flossen im türkisfarbenen Indischen Ozean bis zur Riffkante, wurden von bunten Papageifischen und Drückerfischen begleitet und Rolf auch schon mal in Nestnähe gebissen.

Wirklich innerlich erreichen konnten uns die Buddhisten aber auch nicht.

Mit *Hauser Reisen* flogen wir ins hinduistische Kathmandu nach Nepal, zu einer Trekkingtour um die Annapurna-Berge. Wir starteten mit zwei Bergführern und sechs verwerkelten Trägern für das Gepäck, Letztere in Flip-Flops.

Wir wanderten durch das Flusstal des *Kali Gandaki*, über schwingende, geflochtene Hängebrücken, auf denen uns Schafherden entgegenkamen und uns zurückjagten – eine echte Mutprobe – sowie über steile schmale Bergpässe, die nach Murenabgängen unbefestigt waren. Zierliche Frauen trugen schwere Lasten an breiten Kopfbändern. Wir übernachteten in windschiefen Lodges mit tröpfelnder Solardusche und Steh-Klos unter einem glasklaren staubfreien Himmelszelt.

Unser Guide für die private Weiterreise war Bhola Pathak, ein hellhäutiger junger Hindu aus der oberen Kaste der Brahmanen. Er lud uns während unserer Nepalreise stolz in das Haus seiner Familie nach Bharatpur ins Terai ein. Ein Wasserbüffel und eine heilige Kuh standen neben dem Hauseingang. In einem winzigen Zimmer lagerte die altersschwache Großmutter auf einer Matte. Die dunkle Küche betraten wir nicht, da wir die Speisen als Nichtbrahmanen verunreinigt hätten. Der Vater vollzog gerade rituelle Waschungen. Er trug die weißen *Wickeltuch-Dhotis* und die Brahmanenschnur quer über die nackte Brust. Er war spindeldürr, wie die fünfzigjährige Mutter, die schlechte Zähne hatte. Sie brachte aber auch elf Kinder zur Welt. Bhola schickte ihnen monatlich Geld. Davon wurde die Schule für die jüngeren Geschwister bezahlt.

Ein halbes Jahr später verbrachte Bhola drei Monate bei uns in Hofolding. Er besuchte einen von uns gebuchten Deutschkursus am *Goetheinstitut*. Nur dann bekäme er eine bessere Chance im Tourismusbusiness, bat er uns. Wenn wir in den Alpen wanderten, fragte er ungläubig: »Warum fahrt ihr bei diesen herrlichen Bergen so weit weg in den Himalaja?« Er kochte sich sein *Dal Bhat* jeden Tag selbst. Rolf im Garten zu helfen, verbot ihm aber sein Brahmanen-Ethos.

Er erhielt später lukrative Jobs als Reiseleiter, aufgrund seiner guten Deutschlandkenntnisse, erfuhren wir von *Hauser Reisen*. (15 Jahre später organisierte er mit Rolf nach dem schweren Erdbeben 2015 die Restaurierung einer zerstörten Schule in der Nähe von Kathmandu und sie sammelten eine Menge Spenden ein.)

Ich näherte mich dem Renteneintritt.

Ich richtete mir nun in Floris Dachzimmer, das ich nach seinem Tod jahrelang nicht betreten konnte, ein kleines Büro ein. Ich wollte mich schreibend an mein Leben herantasten. Ich wälzte Sol Stein, Barry Lane (*Schreiben heißt sich selbst entdecken*) und andere Schreibratgeber und begann mit den Schreibübungen.

Rolf nahm mich mit meiner Schreiberei zunehmend ernster und brüstete sich mit mir ein bisschen in den abstrakt denkenden Kollegen-Kreisen, in denen er verkehrte. Ich hatte mit den Jahren das Interesse daran verloren, wie andere mich wahrnahmen. Früher war mir das sehr wichtig gewesen.

Klaus und Linda hatten die gute Idee, aus dem allerersten Manuskript mit vielen Fotos aus dem Familienarchiv, ein gebundenes Fotobuch für unsere Familie zu erstellen.

Klaus, in der DDR vor der Wende Direktor einer Schule und in der Partei, arbeitete jetzt bei Christian in *Clärchens Ballhaus* als Hauptbuchhalter. Er ging die Nachwende mit großem Elan an: »Ich habe auf die falsche Karte gesetzt; ich fang noch einmal ganz von vorn an!« Das schafften nicht sehr viele in dieser konsequenten Art. Er starb als Erster unserer Altersgruppe an Speiseröhrenkrebs. Die archaische Wucht dieses frühen Todesurteils verstörte mich.

Linda setzte ihn in der Familiengruft in Prenden, neben dem Nordturm der Kirche bei, wo auch unsere Eltern ruhen. Sie hatte ihn zwei intensive Jahre zuhause gepflegt und in seinem Zusammenbruch und Tod begleitet.

Ich habe mich zum *Biographischen Schreiben*, einem Seminar im Seniorenstudium an der *Ludwig-Maximilian-Universität* eingeschrieben. Die Kursteilnehmer sind aufgeschlossene, agil gebliebene RentnerInnen, die nicht nur putzmuntere Rundbriefe über ihre Urlaube und Reisen verfassen, wie so einige meiner verrenteten Kollegen, sondern nach Methodenvorgabe des Dozenten auch biografische Erzählungen. Wir kritisieren durchaus heftig gegenseitig unsere Schreibentwürfe.

Das Seniorenstudium der *LMU* gab einen Sammelband *Gerettete Erinnerungen* von uns *Kriegskindern* heraus. Ich las bei der Semestereröffnung im großen Hörsaal auch aus meiner Nachkriegskindheit. Unsere damaligen Schandtaten im Pfarrhaus Prenden sorgten für gehörige Heiterkeit.

Manchmal denke ich kritisch, dass ich beim Schreiben immer wieder einen Bogen um einige meiner gravierenden Probleme mache. Auf einige Schwachstellen beim Erzählen komme ich oft nicht selbst und merze sie, wenn, dann nicht konsequent genug aus. Ob man als AutorIn nicht immer nur *eine* wirkliche Geschichte hat? Vieles ist mir erst beim Schreiben klar geworden. Meinen Vater zum Beispiel, an den ich mich kaum erinnern konnte, habe ich mir in meine Kindheit zurückgeschrieben.

Meine Leidenschaft ist immer noch das Lesen. Nun lese ich die Romane und Erzählungen der Weltliteratur unter dem Aspekt des Schreibens. Eine erfüllende Herausforderung für mich.

Nachbetrachtungen

Irgendwo hinter Oranienburg, nicht weit von meinem Heimatort Prenden entfernt, gibt es ein Schloss, dass sich wie der Ort nennt, in dessen Mitte es liegt: *Schwante*.

Unser Sohn Christian wurde aus einem Käuferkreis ausgewählt, das Schloss für einiges Geld von der Gemeinde zu erstehen, die es zeitweise für Verwaltungszwecke nutzte und nach der Wende, wie die anderen Brandenburger Schlösser, verfallen ließ. Christian versprach, hier ein Gastro- und Kulturzentrum aufzubauen.

Harmonisch in die brandenburgische Landschaft eingebettet, liegen der See und der große Park mit riesigen Linden, uralten Weiden, vielen Apfelbäumen und das schlichte märkische Herrenhaus. Erbaut wurde es im 17. Jahrhundert. Es ging über die Jahrhunderte durch viele Hände. Nach dem Krieg wurde es von der DDR enteignet. Die Eingangshalle ist mit Rundbögen, alten Fenstern und Türen verziert; zu beiden Seiten liegen hohe Repräsentationsräume, dahinter die Großküche. Zwei breite Holztreppen mit geschwungenen Geländern führen in den ersten Stock, wo inzwischen die Räume als Gästezimmer mit antiquarischen Möbeln hergerichtet wurden. Auf dem abgeschliffenen Parkett kann man noch Dellen und Brandflecken erkennen. Der Stuck an den Decken ist an vielen Stellen abgeschlagen und notdürftig wiederhergestellt. Hölzerne, teilweise zerstörte Wandpaneele und abblätternde Deckengemälde hängen in den Etagenfluren. Ein Flügel steht vor dem Bogenfenster. Je höher man kommt, desto staubiger und abgewrackter werden die Räume. Elemente des früheren Glanzes sind aber durchaus zu erkennen. Warm und weich streicht der warme Junitag über ungemähte Wiesen im Park von *Schloss Schwante*. Die Rosen, die vergessen wurden zu kappen, mickern vor sich hin. Unkraut überwuchert ihre Triebe.

Christian lässt die großen Wiesenareale von den polnischen Bauarbeitern mähen, die er aus Berlin mitgebracht hat. Die Polen wohnen im alten Verwalterhäuschen. Schwarze Wasserbüffel trotten dröge in ihrem abgezäunten Revier hin und her. Die Dorfkinder werfen ihnen Streuobst vor, das sie sofort auffressen.

Ich höre Stimmengewirr im Parterre und fahre aus meinen Gedanken hoch. Mein Sohn führt erste Gäste zur provisorisch aufgebauten Bühne seines *Hexenkessel Hoftheaters*, einer beliebten Shakespeare-Bühne, die am *Monbijoupark* in Berlin ihren Standplatz hat. Heute planen sie hier eine Aufführung.
Wir verstehen uns inzwischen mit unserem Sohn. Christian hat ein instinktiv gutes Gefühl zu mir, seiner Mutter. Seinen Vater beobachtet er weiterhin; er kritisiert und verehrt ihn, aber er misst sich immer noch an ihm.

Ich untersuche die Räumlichkeiten des Schlosses weiter.
Ins Untergeschoss führt eine Tapetentür. Dahinter wendelt sich eine halsbrecherische Holztreppe in ein unübersichtliches Labyrinth von Türen. Der Estrich ist an vielen Stellen aufgetrieben und man muss sich bücken, um durch die klemmenden Türen hindurchzugehen. Waren die Menschen damals kleiner oder wurde an Höhe gespart?
Lagerräume für ausrangierte Baumaterialien reihen sich aneinander. In einigen Verließ-ähnlichen Kammern stehen Garnisonen von Kloschüsseln, Duschtassen und braun angelaufenen Emaille-Badewannen, kaputt oder angeschlagen, Überbleibsel der Benutzung nach dem Krieg durch Flüchtlinge und in DDR-Zeiten als Krankenstation oder später als Kindertagesstätte.
Ich finde keine Treppe nach oben und setze mich auf einen kühn geschwungenen Badewannenrand. Dann klettere ich irgendwo hinten im Park an der Zufahrtsallee wieder die Treppe nach oben.

Auf den Kieswegen radeln Schwantener Bürger und grüßen freundlich, schauen aber auch ein wenig neugierig, was hier so los ist. Ein Münchner hat das Schloss gekauft. Man wird sehen, was die Wessis so drauf haben.

Es findet heute noch ein Volksfest im Park von *Schloss Schwante* statt. Aus dem offenen Fenster im ersten Stock schaue ich in die riesige Gartenanlage. Janik und Pavel laden Brauereibänke und Tische von einem LKW ab und zimmern eine kleine Tanzfläche zum Schwofen aus Brettern zusammen.

Eine große altmodisch verzierte Vitrine mit DDR-Büchern, mit viel Staub drauf, steht mir gegenüber an der mit Teakholz getäfelten Wand. Ich lese vom Sofa aus Titel auf den Buchrücken, die mir hinlänglich bekannt sind: *Eheratgeber für die sozialistische Familie*, *Weltall – Erde – Mensch*, *Das kommunistische Manifest*. Ich blättere: *... Die Geschichte der Arbeiterklasse ist eine Geschichte von Klassenkämpfen ...*

Die DDR – wie lange war sie jetzt schon Geschichte!

Der dunkle torfreiche See ist eingerahmt von hohen Wasserpflanzen, Laubbäumen und der Dorfkirche. Ein Schwanenpaar gleitet in vertrauter Zweisamkeit über den See. Störche überfliegen mit gestreckten Beinen manchmal das Wasser, wie bei Selma Lagerlöfs *Nils Holgersson*, der im Gefieder der Wildgänse reiste. Eine Vielzahl von winzigen jungen Fröschen hüpft am seichten Ufer umher.

Inzwischen grillen sie an unseren Tischen unter den Apfelbäumen zu unserem Fest die Wasserbüffelsteaks und tragen sie mit den Salaten auf. Vom Schloss dröhnt die Kapelle des Volksfestes herüber und die Schwantener schwingen die Tanzbeine. Christian hat alle Hände voll zu tun mit der Organisation des Volksfestes und des Theaters und eilt nur ab und an nervös zu unserer Apfelwiese herüber.

Es beginnt die blaue Stunde, ein Licht verbreitet sich, wie von einem anderen Stern, und unsere Gespräche werden intensiver.

Rolf und ich schleichen uns aus der Runde und klettern hinter einer trapezförmigen Tür eine Wendeltreppe im Schloss hinauf, zu einem staubigen Dachboden. Rolf tastet sich auf eine Aluleiter, die wir hinaufsteigen.

Wir öffnen eine Klappe und befinden uns oben auf dem Dach des Schlosses, auf einer kleinen eckigen Plattform. Nachtblaue Felder und Wiesen ziehen sich bis zum Horizont. Sterne glitzern am Juni-himmel. Irgendwo bellen Hunde. Der Kirchturm von Schwante wirft eine dunkle Silhouette gegen den Himmel. Die Schlossillumi-nation blinkt magisch hier herauf.

Wir fassen uns an den Händen und denken an Florian.

Am nächsten Morgen besorgt Christian für alle, die hier geschlafen haben, vom Dorfbäcker Semmeln, Croissants, Milch, Butter und Marmelade.

Wir sitzen auf der Außenterrasse des Schlosses an einem großen Tisch in der Morgensonne. Es gibt einen Film von Nanni Moretti, *La Madre*, erinnere ich mich, und erzähle es unseren Gästen beim Frühstück.

Ich finde mich in einem Traum der Mutter aus diesem Film wieder: Der Regisseur lässt sie an einer langen Reihe von Menschen ent-langgehen. Die Menschen schauen zu ihr herüber. Ab und an treten einige aus der Reihe und sprechen die Mutter an und warnen oder loben und bestätigen sie. Alles Menschen, die ihr irgendwann ein-mal in einem bestimmten Lebensabschnitt begegnet sind. Einige von ihnen sind wohl schon lange tot.

Ein wunderbar intensives Bild für einen Rückblick auf ein gelunge-nes Leben ist das für mich! Welche Menschen gehen an mir in der langen Reihe meines Lebens vorbei und was wollen sie mir mitteilen?

Da sind zuerst mein Vater und Florian. Vielleicht möchte mein Vater jetzt seine Schuld, die er in der Wehrmacht angehäuft hat, mit mir besprechen? Flori kommt und sagt:»Mom, was habe ich bisher auf Erden versäumt? Sag du es mir!«

Mein Sohn Christian ist seit der Geburt seines kleinen Stammhalters sehr viel nachdenklicher geworden.

Meine Schwester Linda bleibt meine beste Freundin und Vertraute, verspricht sie mir.

Meine Mutter hat sich in der Ewigkeit mit meinem Vater versöhnt, raunt sie mir leise zu:»Das wolltest du doch immer.«

Aber ich bin mir nicht mehr sicher, ob es wirklich das ist, was sie mir sagen wollen, oder vielleicht etwas ganz anderes.

Manchmal träume ich, ich sehne mich nach einem Leben, das ich einmal hatte, aber welcher Lebensabschnitt genau … ich kann mich nicht mehr erinnern.

Leben darf unvollständig bleiben!

Anhang: Mein Heimatort Prenden

Ich werde dieses Anblicks nicht leicht vergessen. Nach rechts dehnt sich ein stiller graublauer See mit breitem Sandufer, während sich zur Linken ein durch Gartenland und bestellte Äcker hinplätscherndes Fließ in Wald und Wiese verlor ... die bunten Farben eines Herbsttages steigerten den Reiz des Bildes, beschrieb Theodor Fontane unseren Heimatort Prenden in den *Wanderungen durch die Mark Brandenburg.*

Die Bildzeitung veröffentlichte nach der Wende Berichte über einen Staatsbunker bei Prenden (*Führungskomplex 5001*). Er wurde von der Honecker-Regierung in den 80er-Jahren für die DDR-Bonzen, die ihre Ferienhäuser im benachbarten Wandlitz bewohnten, für den atomaren Ernstfall gebaut. Wandlitz ist nur acht Kilometer von Prenden entfernt. (Prenden ist heute Ortsteil der Gemeinde Wandlitz.) Riesige Betonmengen verbrachte das Ministerium für Staatssicherheit bei Nacht und Nebel dorthin. Die Prendener munkelten, dass dort eine Raketenabschussbasis gebaut werde. Sie ahnten nicht, dass es ein Atomschutzbunker mit sieben Meter dicken Wänden war. Dieser Bunker, mit Hightech der 80er-Jahre ausgerüstet, ist heute ein Museum.

Wir verbrachten in der ehemaligen Bonzensiedlung in Wandlitz, die nach der Wende zu einer Wellness-Anlage umgebaut wurde, im Juli 2006 ein paar Tage. Die alte Bausubstanz und die gärtnerische Gestaltung des Geländes erkannte man noch. Die etwa 30 kleinen spießig konstruierten Villen unterschieden sich auch damals kaum. Der Komfort war mäßig. Heute ist diese Wellness-Anlage dem benachbarten Krankenhaus von Bernau zugeordnet.

Die Wälder blieben wunderbarerweise gänzlich unberührt. Da das einzige Hobby dieser Leute die Jagd war, ließen sie die Natur weitgehend ungeschoren.

Wir erreichten in 20 Minuten auf dem Fahrrad den Liepnitzsee. Die Umgebung von Prenden, in dem heutigen Naturschutzpark *Schorfheide* gelegen, war mit seinen vielen Seen so idyllisch, dass sich Nationalsozialisten (*Göbbelsbau* am Bogensee) sowie die DDR-Führung, die dort eine Parteischule errichtete, hingezogen fühlten. Auch Markus Wolf, der berüchtigte Stasi-Chef der DDR, hatte eine Villa am Prendener Strehlesee.

Selbst im Mittelalter hatte Prenden schon seinen Reiz: Laut der Kirchenchronik gab es einen unterirdischen Geheimgang, der von der *Gastwirtschaft Engelhardt* in Prenden bis ins sechs Kilometer entfernte Biesenthal reichte. Dort besaß der Graf Otto Christof Freiherr von Spar im Mittelalter ein Schloss, neben seinen Landgütern in Lanke und Ützdorf am Liepnitzsee. Er ruht seit dem Dreißigjährigen Krieg in der Berliner Marienkirche unter einem Epitaph, das ihn kniend vor dem Tod darstellt. Der Glockenturm und die Glocken der Prendener Kirche sind von ihm im 17. Jahrhundert gespendet worden. Sie hießen seitdem die *Sparrenglocken*. Im Ersten Weltkrieg wurden sie zu Kriegszwecken eingeschmolzen und später wieder neu gegossen.

In Prenden sprach man im 19. Jahrhundert noch Plattdeutsch: *Jo, ick bin ut Pren'n, wo Sparren sin Slott stunn*, zitiert Fontane in den *Wanderungen* einen Prendener. Eine *von Spar* ist eine geborene *Ribbeck zu Ribbeck im Havelland* ... ein Birnbaum in seinem Garten stand ...
Heute sorgt ein *Förderverein Dorfkirche Prenden 1611* für die Renovierung des alten Fachwerkturms und des im 17. Jahrhundert geschnitzten Holzaltars. Bekannte Brandenburger Künstler stellen in der Kirche aus. Gottesdienst findet nicht mehr so oft statt. Es predigt dann eine Pfarrerin aus der Stadt.

Brandenburg, der Song von Rainald Grebe will mir nicht aus dem Kopf. Ich summe ihn vor mich hin: *Was soll man auch machen, mit siebzehn, achtzehn – in Brandenburg!*

Zeitfracht Medien GmbH
Ferdinand-Jühlke-Straße 7
99095 Erfurt, Deutschland
produktsicherheit@kolibri360.de